U0141606

歷史與
文化叢書

34

製作路易十四

The Fabrication of Louis XIV

彼得‧柏克 Peter Burke —— 著　許綬南 —— 譯

THE FABRICATION OF LOUIS XIV
© 1992 by Peter Burke
Chinese translation copyright © 1997, 2008 by Rye Field Publications,
a division of Cité Publishing Ltd.
Published by arrangement with Yale University Press through Bardon-Chinese Media Agency
All rights reserved.

歷史與文化叢書 34

製作路易十四

作　　　者	彼得‧柏克（Peter Burke）	
譯　　　者	許綏南	
責 任 編 輯	吳莉君　吳惠貞	

編 輯 總 監　劉麗真
總　經　理　陳逸瑛
發　行　人　凃玉雲
出　　　版　麥田出版
　　　　　　城邦文化事業股份有限公司
　　　　　　104台北市中山區民生東路二段141號5樓
　　　　　　電話：(02)2500-7696　傳真：(02)2500-1966
　　　　　　部落格：http://blog.pixnet.net/ryefield
發　　　行　英屬蓋曼群島商家庭傳媒股份有限公司城邦分公司
　　　　　　台北市民生東路二段141號11樓
　　　　　　書虫客服服務專線：02-2500-7718‧02-2500-7719
　　　　　　24小時傳真服務：02-2500-1990‧02-2500-1991
　　　　　　服務時間：週一至週五09:30-12:00‧13:30-17:00
　　　　　　郵撥帳號：19863813　戶名：書虫股份有限公司
　　　　　　讀者服務信箱E-mail：service@readingclub.com.tw
　　　　　　歡迎光臨城邦讀書花園　網址：www.cite.com.tw
香港發行所　城邦（香港）出版集團有限公司
　　　　　　香港灣仔駱克道193號東超商業中心1樓
　　　　　　電話：(852) 25086231　傳真：(852) 25789337
　　　　　　E-mail：hkcite@biznetvigator.com
馬新發行所　城邦（馬新）出版集團【Cite(M)Sdn. Bhd.(458372U)】
　　　　　　11, Jalan 30D/146, Desa Tasik,
　　　　　　Sungai Besi, 57000 Kuala Lumpur, Malaysia.
　　　　　　電話：(603) 90563833　傳真：(603) 90562833
封 面 設 計　王政宏
印　　　刷　宏玖有限公司
初 版 一 刷　1997年5月15日
二 版 九 刷　2012年3月15日

定價：340元
ISBN 978-986-7252-34-0

城邦讀書花園
www.cite.com.tw

著作權所有‧翻印必究（Printed in Taiwan）

▌作者簡介 ▌

彼得‧柏克（Peter Burke）

英國歷史學家。1937年生，牛津大學聖約翰學院（St John's College）學士、聖安東尼學院（St Antony's College）碩士。曾任薩塞克斯大學（Sussex University）高級講師、劍橋大學文化史高級講師，現任劍橋大學文化史教授及伊曼紐學院（Emmanuel College）研究員。

柏克的研究專長在歷史思想領域、1450至1750年的歐洲文化史，以及歷史學與社會科學的互動。著作包括：《1420至1540年間義大利文藝復興的文化與社會》（Culture and Society in Renaissance Italy, 1420–1540）、《近代歐洲的通俗文化》（Popular Culture in Early Modern Europe）、《社會學與歷史學》（Sociology and History）、《法國史學革命：年鑑學派，1929–89》（The French Historical Revolution: the Annales School, 1929–89）、《製作路易十四》（The Fabrication of Louis XIV）、《大眾傳播媒體的社會史：從古騰堡到網際網路》（A Social History of the Media: from Gutenberg to the Internet）、《知識社會史：從古騰堡到狄德羅》（A Social History of Knoweldge: From Gutenberg to Diderot）、《何謂文化史》（What's Cultute History）等書。

▌ 譯者簡介 ▌

許綬南

　　台灣大學外文研究所畢業，曾任中經社英文記者、行政院新聞局約聘編輯，現為大專院校英文講師。著有《暢易英文法暢通》，譯有《製作路易十四》、《即將到來的中美衝突》、《六〇年代》、《活在歷史裏》、《從埃及到耶路撒冷：蓋里的中東和平之路》、《南斯拉夫分裂大戲》、《尼米茲傳》、《未來戰爭》、《漢尼拔》（皆由麥田出版）等書。

目　錄

導　讀

十七世紀的「造神運動」

蕭新煌

　　這不是一本有關路易十四的傳記，也不是一本評價路易十四功過的政治學分析，而是一本剖析路易十四在世時，其公眾形象如何被塑造的歷史社會學和傳播史著作。簡單地說，就是分析十七世紀路易十四時代的「造神運動」，用現代的傳播語言來說，即是推銷和包裝路易十四。

　　造神也好，推銷也好，包裝也好，總要有一個「對象」。毫無疑問的，在君主封建時代裡，是要向「子民」製造國王的公眾形象，此製作過程相當細緻，而且是集體創作，皇室、臣子，和人民都是這個舞台或劇場的角色，就這點而言，即使是在二十世紀末已進入民主時代的今天，塑造政治人物形象的功夫，仍舊方興未艾。就某些方面來說，路易十四造神運動的功夫，比現今的形象推銷來得更全面，更具特色。本書作者是一位歷史社會學家，他尋遍當時所留下的石雕、銅像、油畫、紀念章、蠟像、錢幣、文字（諸如戲劇和歷史），以及其他媒體如芭蕾、歌劇、宮中儀式和表演等，企圖從這些多媒體當中去重構路易十四的公眾形象是如何被製造，又如何藉此

去說服法國子民，相信他們的君主是多麼英明、神聖，多麼崇高、偉大和優美。

以肖像爲例，畫中所勾勒出的國王形象大致上可看出如下特徵：威風凜凜、英姿煥發；特意展現熱忱、尊嚴和不輕易露出微笑的表情；寶劍、雷電、戰車、戰利品都是用來代表君王的威嚴和權勢，權杖更是少不了的權力象徵。在詩裏，不朽、明智、公正……等詞比比皆是，並在 1671 年正式採用「偉大」這個形容詞。此外，透過文化、藝術、文學等媒體所製造出來的路易十四，當然也就被賦予藝術和文學保護者的形象。與當代政治人物做一有趣對照，我們發現，現代政治領導人物的公眾形象製造，反而好像還少了一些藝術和文學格調。當然，就宮廷的化妝師臣子來說，藝術之所以有用，是因爲它能爲國王增添光采。塑造國王成爲藝術(家)的贊助者，無非也是想讓國王的光耀和成就形象，能夠很有氣質地呈現出來。

這本書很生動地告訴我們，路易十四的「形象」塑造者是當時的畫家、雕刻家、版畫家、裁縫師、假髮製造人、舞蹈老師、詩人、典禮儀式主持人和設計者等等，而這整個形象塑造過程的創意「總監」或導演有兩個人，前半段是馬薩林紅衣主教，後半段是國王的顧問以及國王自己。當時曾有一項計畫準備將文化藝術組織起來爲路易十四服務，一些文藝學會還特地舉辦活動或比賽，爲的就是想透過諸如雕刻、油畫、曲目等諸多作品去呈現和歌頌國王。所以終其一生，與路易十四個人直接相關的種種文學、藝術作品可以說是極爲豐富。從這本書所附的著名油畫、雕刻、銅像作品，都可以窺見當時的藝術家是如何盡其所能去光耀國王的神姿和權力。甚至一些史學家、詩人、科學家，都特意受到國王公開的贊助，這些行爲的目的無他，都是要彰顯國王也是一位有文化、有學問的人。而其

所帶來的歷史結果，卻是建立了由國家直接贊助文化、藝術的科層化組織傳統。

　　由於本書作者是受過社會學訓練的歷史學家，因此書中所做的種種分析都相當具有社會學的透視力，譬如說，連描寫戰爭的史詩、紀念勝戰的紀念章都沒能逃過作者銳利的分析眼光。宮廷建築的設計也是另一類資料素材，宮殿內的儀式和禮節同樣都成爲作者用來討論如何建構路易十四形象的對象。用現代學術界的流行術語來說，連空間布局都在彰顯國王此一擁有絕對權力者的形象表演。表演也可說是路易十四一生的最佳寫照。直到生命的最後歲月，他都還要做最後的演出，幾幅病危的畫即是明證。不過特別讓人讀來動容和感慨的，是一幅關於藝術商將不再具「市場」（其實更是政治市場）價值的路易十四肖像畫，裝箱塵封於地窖的油畫。一代好戰和愛花錢的英雄死後，人民終於喘了口氣，連油畫都透露出一種「改朝換代」、把曾經光耀一時的國王打包起來的社會反應。這幅畫實在應該讓所有活著的時候過分迷戀權力的政治人物做爲殷鑑。

　　書中另有一句話在當今也非常具有醒世作用，作者說，對於塑造國王英雄形象日益增加的投資，與形象呈現下降之間，有著某些關聯，這或許是反映了爲應付形象危機所做的援救動作，更像拉斯韋爾（Lasswell）所說的：「當人們開始思考要以什麼方法和工具來說服百姓時，百姓的信心已然凋萎。」路易十四晚年，面臨的正是這樣的信心危機，他的化妝師於是便得挖空心思去挽救這種形象下降的事實。

　　更值得注意的是，許多非官方的負面形象與官方製作的英雄形象也在民間同時流傳，批評、指責和諷刺都有，而且也都以文學和藝術的方式呈現，攻擊的主題都指向路易十四的野心、不道德、違

背宗教信仰、暴政和虛榮等等。有趣的是，甚至連彰顯反面形象的模仿紀念章和題銘都出現在市井，可見一個像路易十四那樣以太陽王自居的封建時代國王，都會在活著的時候遭到來自反對陣容的批判、嘲笑和譴責。何況是民主時代的國家元首或是高層政治人物呢！

　　前面提到官方所塑造的路易十四形象是為了向子民進行說服。但是作者在分析中進一步指出，下面三種對象更是宣傳的主要聽眾和觀眾：後代子孫、巴黎和各省的法國上層階級和朝臣，以及外國宮廷階級。在書裡還舉了許多證據說明此一論證。用現今的眼光來看，可能會懷疑民意與輿論在哪裡？難道政治人物的公眾形象不是應該針對民眾嗎？在十七世紀到十八世紀初的那個時代，這些概念都還未曾出現，官方當然也就不會重視一般人民的觀感了。當然，現代社會的政治領導人物就非得動輒訴諸人民和民意，即使他內心裡可能不那麼重視人民，或者並不那麼清楚應該如何在多樣複雜的民意裡，找尋可以回應和運用的人民聲音。

　　本書還從零星的記錄、文件，以及公共場所的擺設，去掌握下層階級如何回應和接受或排斥官方所製作的國王形象。至少，從這些少量但非常珍貴的歷史資料裡，可以讓我們知道，當時的法國中、下階級並不是那麼絕對地無知愚昧。

　　在二十世紀接近尾聲的今天，閱讀這本有關十七世紀統治者如何製作公眾形象以光耀其權力的個人化，說服欲說服的特定對象，並達到其終極目標：推銷一項從古到今人類社會政治市場都有的產品——統治者——還真有點感慨。我很同意作者在文末所寫的那句話，「十七世紀君主與二十世紀領導人間的對比，並非虛飾與真實間的對比，只是兩種不同風格的虛飾之間的對比」。

　　三百年來的人間世政治，唯一「真實」的恐怕就是統治者的「虛

飾」!!

―――――

蕭新煌

現任中央研究院社會學研究所研究員，東南亞區域研究計畫主持人，台大社會學系教授。學術研究領域：發展社會學、環境社會學、中產階級、社會運動、東亞及東南亞區域研究、非營利組織等。近作有《*Discovery of the Middle Classes in East Asia*》,《*East Asian Middle Classes in Comparative Perspective*》。

致 謝

在撰寫路易十四這本書的幾年間，我蒙受了許多人所提供的幫助與建議。我尤其要感謝德瑞克‧畢爾斯(Derek Beales)、安東尼亞‧貝內德克(Antonia Benedek)、羅賓‧布里格斯(Robin Briggs)、伊凡‧蓋斯凱爾(Ivan Gaskell)、瑟基‧格洛辛斯基(Serge Grozinski)、馬克‧瓊斯(Mark Jones)、瑪格麗特‧麥高文(Margaret McGowan)、馬吉‧諾德曼(Maj Nodermann)、貝濟‧羅薩斯科(Betsy Rosasco)、亞倫‧艾倫尼斯(Allan Ellenius)，以及歐洲科學基金會(European Science Foundation)研究「圖像學、宣傳，和合法性」的工作人員。柏林的科學講座提供我一個良好的工作環境，讓我在 1989 至 90 年間，得以撰寫本書的草稿，當時另一個舊政權正在毀滅當中。當我在各地將本書以演講方式呈現出來時，有若干聽眾就演講內容提出批評，我應該向他們致謝，這些聽眾分布在阿姆斯特丹、柏林、劍橋、康皮納斯(Campinas)、綺色佳(Ithaca)、耶路撒冷、倫敦、倫德(Lund)、慕尼黑、紐約、牛津、普羅維敦士(Providence)、東京、烏普沙拉(Uppsala)與約克(York)。至於本書的最後風貌，我要特別感謝我的妻子瑪麗亞‧露契亞

(Maria　Lúcia)，及伊曼紐(Emmanuel)的同事亨利‧菲力普(Henry Phillips)，也要感謝彼得‧法蘭斯(Peter France)，1972年時，我與他在薩塞克斯(Sussex)大學共同教授「路易十四時代的文學與社會」。我也要感謝耶魯大學出版社的人員，特別是舍拉‧李(Sheila Lee)，謝謝他們的幫助，也謝謝他們在處理文字與圖片細節時的謹慎。

彼得‧柏克

製作路易十四

THE FABRICATION OF LOUIS XIV

我們可以明顯看出，國王的威嚴是由假髮、高跟鞋和斗篷等等所組成的…而我們所崇拜的諸神，其實是理髮師與鞋匠所製作出來的──薩克萊 (William Thackeray)

第一章

路易十四進場

　　我們對那些如此特別的人之所以尊敬，是因爲想像力在
作用。

　　　　　　　　　　　　—— 巴斯卡(Pascal)，《思想集》

　　法國國王路易十四於 1643 年登基，時年四歲，1715 年過世，在
位七十二年。他是本書的主角。本書並非又一本關於這位太陽王的
傳記。這類書已經很多了，其中有一些還相當出色。這本書的重點，
不是路易十四這個人，而是他的形象。這本書也不是討論他的自我
形象，事實上，他的自我形象也是經過重塑的。我也不探討他在後
代人眼中的形象，其他人已經研究過這個主題。本書主要是研究這
位國王的公眾形象，路易十四國王在民眾心目中的地位。

　　跟本書作者所寫的其他書一樣，這本書屬於傳播史方面的研究，
重視的是象徵形式的製造、傳播，與接受過程的歷史。這本書探討
路易十四在當時的形象，審視石雕、銅像、油畫，甚至還有蠟像是
以何種方式再現他。我也將討論文字典籍(詩、戲劇和歷史)對他的

描述，還有其他跟他有關的媒體也列入探討的範圍，譬如芭蕾、歌劇、宮中儀式，和其他的一些表演。

事實上不僅僅是在法國，在美國、德國與其他地方研究藝術、文學、硬幣等等的專家，都討論過路易十四的公眾形象。專題論文涵蓋了他的油畫肖像、騎馬雕像，以及再現他在位時重大事件的紀念章。許多人研究過凡爾賽宮的裝潢，這些裝潢不僅僅是布景，還傳達了某種訊息。有人研究過他在位時法國文學如何再現路易十四，也有人仔細分析過個別作家的文字描述與方法。學者撰寫專題論文，討論了他手下的官方史學家，以及西班牙王位繼承戰爭時的法國政府宣傳。許多研究都探討過相關的芭蕾、歌劇，和其他表演。有人發現太陽王的觀念，溯自遠古。雖然伏爾泰 (Voltaire) 所寫的那本著名的《路易十四時代》(*Siècle de Louis XIV*, 1751)，沒有談到路易十四時代政治與藝術間的關係，過去百年來這主題已受到詳細的討論，這方面表現最出色的兩位學者是迪爾克 (Augusta Dilke，這位女士頗有理由自認為，艾略特〔George Eliot〕書中的女主角朵勒希〔Dorothea〕，便是以她為範本) 與拉維希 (Ernest Lavisse，他在當代學術界的特殊地位，使他得以對三百年前的事務，有深切的了解)。

不管怎樣，就我所知，還沒有人曾經概覽過路易十四在當代的形象。一位研究宮中儀式的史學家在幾年前說過：「太陽王的這種宗教思想……應該要受到廣泛的研究。」(Giesey, 1985, p.59) 甚至於對路易十四的不利描述，不論是在法國內外，也只有零星的論述。

我撰寫本書的主要目的，是要從各方面來探討這位國王的形象。由於路易十四本人與他的大臣們，與各種傳播系統都有關聯，我們在研究他時，也應該把這些傳播方式都列入研究，整合不同學術領

域分歧的研究方向。我的目的是要分析路易十四的各種形象，以顯示他在當時的公眾形象。不過，這項分析尚有其他意義。本書也是藝術與權力的個案研究，尤其與「偉人塑造」有關(Godelier, 1982)。因此，我在第十二章中所做的比較與對照，是這個計畫中的一個重要部分。

有好幾個理由足以說明，爲何路易十四特別適合這種個案研究。國王本人與他的智囊團都十分在意國王的形象。除了說各種儀式耗費掉他許多時間之外，他必定也花了許多時間擺姿勢，讓人爲他畫像。我們可以舉一幅以國王在法蘭德斯(Flanders)征戰爲主題的繪畫爲例，看出這類畫有多麼受到重視，繪畫上的註解說：「必須畫國王舉起他的手杖，而非倚靠其上。」(Adhémar, 1983, p.26)路易十四很幸運，因爲供他差遣的那些藝術家、作家與作曲家，都是一時之選。他在形象塑造方面的成就，足以做爲其他君主的典範。有關這方面留存下來的紀錄，也極爲詳盡。關於路易十四的油畫、紀念章，和版畫，留存下來的有數百之多。凡爾賽宮的模樣，還足以讓我們想像它當日的景象。最重要的是，有一些機密文件也保存了下來，私人信件與委員會議的細節都包括在內，這讓我們得以從不同的媒體上，窺見爲國王塑造形象者的目的與方法(Chapelain, 1883, 1964; Clément, 1868; Jacquiot, 1968)。

研究媒體有一大好處，因爲從這種角度，比較可以看出改變之處。的確，要是說在路易十四長達七十二年的在位期間(包括四十二年所謂的「個人統治」)，路易十四的形象沒有改變，也是奇怪的事。最早的肖像畫中，他是一位襁褓中的嬰孩；最後一幅，則是坐輪椅的一位老人。在這期間，紀念章與錢幣上的路易十四肖像改變了好幾次。一些新的單位成立，負責爲國王宣傳，藝術家與大臣來來去

去，一些勝利之後又有一些失敗。

以嚴格的編年角度來研究，好處之一是我們可以看出不同的媒體是否於同一時間改變（顯示出高度的中央控制），也或者這些媒體各自有其步調（顯示藝術頗為獨立自主）。不幸的是，要嚴格遵守編年的順序，並不容易。國王的形象不斷修改。舉例來說，有些新的紀念章是為慶祝、或重新詮釋他早期統治時的事件而打造。如此，我們必須有兩套時間標準，一個是事件發生的時間，另一個則是紀念章的時間(詳見附錄一)。凡爾賽宮的鏡廳(Grande Galerie)不但呈現了較早時期的事件（譬如 1661 或 1672），本身也是 1680 年代的文化事件。

如此也難怪雖然歷史學者經常能夠找出國王的形象轉變期，他們對確切時間的看法卻也經常有出入。某些人強調 1670 年(或前後幾年)，那時國王停止了宮中芭蕾，也較少有人拿他與亞歷山大大帝比較(Grell and Michel, 1988)。有些人認為 1674 年是轉變期，那時慶典的語言開始改變，也有人認為是 1677 年，那是國王崇拜的最高潮(Apostolidès, 1981, p.126; Picard, 1956)。經常有人注意到 1679 年的重要性，那時鏡廳的神話，成為歷史事實(Walton, 1986)。還有學者傾向於 1682 -83 年，當時大型慶典盛況不再，宮廷移至凡爾賽；也或者是 1685 -86 年，在那時全法國的廣場都正將要擺上路易十四的雕像(Moine, 1984, p.12; M. Martin, 1986)。我希望我在本書的其餘部分，提供充足的資料，讓讀者得以自行決定這個問題的答案。

顯然這種研究是我們這個時代的產物。早在 1912 年，路易十四的「造勢活動」，便令一位法國學者想到現代的廣告(Collas, 1912, p.357)。這種做法在二十世紀後期更為明顯，尼克森(Richard Nixon)與柴

契爾夫人(Margaret Thatcher)等國家領袖，都把他們的形象交由廣告部門辦理(McGinniss, 1968; Atkinson, 1984)。以現代的辭彙來說，我討論的是「推銷路易十四」，如何以意識形態、宣傳，與民意操控來包裝君王。

顯然我們有可能會犯下時間錯置的毛病。我並無意分毫不差地呈現路易十四的歌功頌德者。不過事實上，「推銷」這觀念，並不如某些人想的那樣，有可能造成時間錯置，畢竟親自見過國王本人的聖西門公爵(duc de Saint-Simon)便曾經宣稱，沒有人要比路易十四更清楚「如何推銷他的言語，他的微笑，甚至他的眼神」。不管怎樣，十七世紀的文化與我們的文化是大不相同，這種現象也必然會反映於統治者的形象。

另一種描述這本書的現代化講法，便是稱本書為路易十四「宣傳」研究，研究如何塑造或操控民意，也或者是「意識形態」研究(研究事物的意義如何支撐君臣關係)(Klaits, 1976; Speck, 1972)。十七世紀並無下列三種觀念——宣傳、民意，與意識形態。羅馬的信仰推廣委員會(Congregatio de propaganda fidei)負責推廣信仰，而非宣傳政治。現代的宣傳觀念，直到十八世紀末才出現，當時有人把支持法國大革命人士所用的說服技巧，與基督教勸人皈依的的方法相比(Schieder and Dipper, 1984)。歷史學者應該注意在某一特定的時間與地點，所沒發生的事，這些空白深具意義。

不過，這些空白並不表示十七世紀的聽眾與觀眾，沒有注意到說服或操控的行為。由於在當時的菁英教育中，修辭學深受重視，當時的人很可能要比我們今天的人，更能察覺說服所使用的技巧(France, 1972)。如果我們賦予宣傳廣義的定義——譬如說，將宣傳定義為「傳遞社會與政治價值的企圖」，我們便很難否定說，宣傳在十

七世紀便已經開始使用(Kenez, 1985, p.4)。然而把像這樣的研究稱爲路易十四的宣傳分析，有一些潛在的危險。危險之一，便是讀者可能會把那些表達路易十四的權力或表達他臣下忠誠的詩、油畫或雕像，視爲藉以說服臣下的工具。如古史學者范恩(Paul Veyne)最近所提示的，有一些藝術作品的創作與其說是爲人供人觀看，不如說是爲了表示有它的存在。舉例來說，圖拉眞(Trajan)的紀功柱上的浮雕細工，在地面上是看不見的(Veyne, 1988)。

比較正確的說法應該是，這些表達路易十四的工具，是爲了要增添他的光芒。那時期的一些文章，清楚告訴我們，名聲與榮耀對統治者與貴族來說，都相當重要。在那個時代的一本字典當中，光榮(gloire)與讚譽(praise)是被區隔開的，因爲「讚譽來自個人，光榮來自全世界。」(Furetière, 1690)光榮在當時是一個重要的字(Rosenfield, 1974)。在路易十四的回憶錄中，強調了光榮的重要性(Longnon, 1927, pp. 33, 37)。斯居代里(de Scudéry)夫人便因爲她以這題目所寫的一篇文章，獲得法蘭西學會(Académie Française)頒發一枚獎章(Scudéry, 1671)。光榮以擬人化的方式，出現於戲劇、芭蕾，與紀念性的建築物上。在凡爾賽宮的花園內，便有一座光榮噴泉。

十七世紀的人也多半知道，個人光芒有政治上的功用。這可以賦予國王懾人的氣勢(éclat)。在當時來說，氣勢也是一個重要的字，它的涵意與閃電的亮光，和隆隆的雷聲有關，總是指一些意外又令人印象深刻的事物。當時的人認爲氣勢足以讓人有深刻印象，就像把印章壓於蠟上一般。

如此，考爾白(Colbert)描述羅浮宮，說它可以令全世界的人留下敬佩的印象(Clément, 1868, 5, p.246)。他指的或許是全歐洲的人，不光是法國人民。路易十四(或者更精確點，他的一位大臣)也曾經向皇

太子解釋說，節慶可以令民眾歡樂，並使外國人留下「一種氣勢、權力、財富，與光榮的印象，這種印象極爲有用」(Longnon, 1927, p.134)。波舒哀(Bossuet)在他談論政治的論述中，也有類似的講法，他說國王的宮廷「耀眼奪目，氣勢非凡」，以讓「百姓尊敬他」(Bossuet, 1967, book 10)。路易十四在位時期，有一位社會學理論學者孟德斯鳩(Montesquieu)，他也提出類似的看法：「國王身上的氣勢與光芒，是他們權力的一部分」(Montesquieu, 1973, p.58)。

　十七世紀的人們對藝術與權力之間關係的看法，大致可以分隔爲兩種。在一方面是那些似乎接受了國王表面形象的作者，這些人可以是爲國王寫頌詩的詩人，敍述他勝利光榮的歷史家，或描述凡爾賽宮裝飾的那些學者。他們說那些雕像與其他紀念建築物的目的，是要「教化人民」，使他們敬愛並服從他們的君主(Charpentier, 1676, p.13; M. G., April 1686, p.223)。

　另一方面是一些批評家、衞道人士，與諷刺文作者，他們認爲國王的光環，基本上不過是那些阿諛奉承的人，用以欺騙百姓的把戲。在路易十四的上一代，一位爲李希留(Richelieu)紅衣主教工作的作家，便曾經說「美麗的文辭」，是君王用來「引誘」臣民，「以外表欺騙他們」，「差遣他們」的工具(Naudé, 1639, p.158)。批評路易十四的人也以類似的方式批評他，他們使用了對那時代頗爲重要的一個字，「divertissement」，這個字有雙重意義，一個是「娛樂」，另一個則是「轉移注意」。他們認爲慶典與表演——跟古代的羅馬競技場一樣——目的是要轉移人民的注意力，使他們無暇去想政治，拉布呂耶爾(La Bruyère)有一個生動的講法，就是將他們催眠(La Bruyère, 1960, p.239)。

　　十七世紀的這種觀念，當然有助於我們了解路易十四的宮廷。這些是不可以忽視的。在另一方面來說，一位為二十世紀讀者撰寫二十世紀歷史的史學家，也一樣不能漠視現代的觀念，不管這些觀念是屬於政治學、社會人類學，或社會心理學的範疇。撰寫歷史文章最令我感興趣的部分，便是穿梭於兩個文化之間，現在與過去之間，為兩種不同的觀念建立溝通，將一種語言轉換成另一種語言。「宣傳」是一個很有用的現代觀念，但還有其他的有用觀念。

　　舉例來說，把這本書想成路易十四神話研究，也可能會有幫助 (cf. N. R. Johnson, 1978)。這種講法似乎還滿恰當，畢竟不斷有人把路易十四比做希臘神話中的神祇或英雄，譬如太陽神阿波羅與英雄赫丘力士 (Hercules)。不過，我們也可以賦予「神話」這個術語，一個較廣泛，也較會引起爭議的意義。我們可以把神話定義為一個有象徵意義的故事——譬如善良戰勝邪惡——中的角色，不論是英雄或惡棍，都超越一般的生命。這是一個介於原型與現實交會點的特殊故事，換句話說，也就是意象傳統和特殊的人、事結合所產生的特殊故事 (Tamse, 1975; Burke, 1939-40; Kershaw, 1987)。

　　在人們提到路易十四的神話時，他們的意思是說他無所不知，戰無不勝，像神一般等等。他是完美的君主，代表黃金時代就要重返。詩人與史學家在描述這位國王時，稱他為「英雄」，就拉辛 (Racine) 的話來說，他在位期間，「充滿連續不斷的奇蹟」。(Racine, 1951-2, p.209) 他的公眾形象不僅僅是良好：這形象還具有神性。

　　專業的史學家經常會用「神話」這個術語，指稱「一個虛假的故事」。不過，我所關心的並不是路易十四神話之外那位「真正的」路易十四。相反的，我所感興趣的正是神話這事實，它對媒體之外世界的影響——對外國人，對臣下，對國王本人也不例外。「神話」

這個術語有一個好處，它提醒我們藝術家與作者並不局限於國王的靜態形象，他們嘗試藉由繪畫、掛毯、紀念章、版畫以及官方歷史，呈現一種敘述，他們所謂的「國王史」。或許我們可以使用路易十四的「舞臺」這個觀念，把這種動態的形象變化與靜態的形象結合。

　　我們自然會進一步想到太陽王的「劇場國家」(theatre state)。「劇場國家」這觀念是十年前美國人類學者葛茲 (Clifford Geertz)，在研究十九世紀印尼的峇里 (Bali) 時所提出的 (Geertz, 1980; cf. Schwartzenberg, 1977)。路易十四那個時代的人，一定會對這用語感到興趣，他們習慣於把這個世界，看成一個舞臺。路易十四本人有時也會使用這個隱喻。聖西門公爵在描述宮廷時，一再使用到喜劇與場景這類用語 (St-Simon, 1983-8, 1, pp.714, 781, 857)。路易十四過世時，有好幾篇佈道文都談到說他的一生是一齣偉大的「表演」(spectacle) (Quiqueran, 1715, p.48; Mongin, 1716, p.3)。

　　儀式尤其可以被視為一種戲劇，舉行儀式的目的是要鼓勵民眾服從。德國學者呂尼格 (J. C. Lünig) 於 1719-20 年時發表了一篇研究公開儀式的文章，他稱儀式為戲劇性的典禮，他解釋說這種戲劇是必須的，因為「就老百姓而言……實際的印象要比講理的言詞，有更大的衝擊」。路易十四的回憶錄中也有類似的講法 (Lünig, 1719-20; Longnon, 1927)。分析儀式在當今政治中有多少重要性的研究，也是基於相似的假設 (Kertzer, 1988)。

　　在以下部分，我將常常採用戲劇表演的觀點，尤其會借助社會人類學者高夫曼 (Erving Goffman) 的著作，在他的著作中，他強調展現──或他所謂日常生活中的「自我表演」──的重要性，「印象管理」的方法，「臺前」與「臺後」區域的區別，布景與「道具」的功用等等 (Goffman, 1959)。

在我們研究路易十四時，這些現代術語都有用處。舉例來說，凡爾賽宮是國王展示權力的場景。接近君王的途徑，受到嚴格管制，分好幾個階段。參見的訪客須進入中庭，登上階梯，在候客室等候等等，然後他們才有可能見到國王一面。

對於像拉羅什富科(La Rochefoucauld)或聖西門這一類與國王同時代的人來說，高夫曼所說的話，不大可能會令他們吃驚。舉例來說，聖西門經常使用「後部」(les derrières)來指宮廷的「幕後」地區。有時路易十四會被描述為一個一輩子都活在大眾面前的君主。從某方面來說，這麼講是對的：總是有人在看著他，至少他的侍僕便是一直如此。不過，他有某些政治或非政治的行為，就較不公開。他與他情婦們的關係——就像他娶曼特農夫人(Madame de Maintenon)那事一樣——是在後臺進行的。雖然每個人都知道，但官方媒體並沒有談到這些事。這些事必須藉由各種非官方的來源，重新組織，這些來源包括私人信件與一位國王侍僕的回憶錄。(不幸的是，這位侍僕於 1653 年失寵，他的相關紀錄也止於這一年〔La Porte, 1755〕。)

就本書所進行的研究而言，另一個跟舞臺相關的術語也頗為有用：也就是「再現／表演／代表」(representation)這個用語(Pitkin, 1967; H. Hofmann, 1974; Podlach, 1984)。這用語的主要意義之一是「表演」。1681 年時，研究紋章、表演，與其他有象徵意義事物的耶穌會信徒美尼斯特希耶(Menestrier)，出版了一本關於音樂「表演」的書。在路易十四第一次遇見年僅十一歲的勃艮第(Burgundy)公爵夫人時，路易十四對曼特農夫人說，在公爵夫人來到宮廷舞臺時，她的表演將會優美迷人(Gaxotte, 1930, p.104)。這時期的某本字典還提供了這用語另一個定義，就是「一個形象，它足以讓人想起眼前所見不到

的事物」(Furetière, 1690)。

「再現／表演／代表」也包含「替代某人的位置」。就這意義來說，大使、省督、地方長官都代表路易十四。國王於 1672 年參加那場戰役之時，皇后也代表了國王。就這用語來說，御前祕書也代表國王，他們不但奉命模仿國王的簽名，也得模仿他的筆跡(Saint-Simon, 1983-8, I, pp.803ff; Gaxotte, 1930, introduction)。就連路易十四的情書也是他人代筆的(有一陣子是丹久〔Dangeau〕侯爵負責)。國王的回憶錄中，將以國王之名所寫的信，與國王親筆寫的信兩相對照——不過，諷刺的是，這段比較文章，與回憶錄中的其餘部分，也是由一位祕書捉刀(Longnon, 1927, p.53; Dreyss, 1859; Sinnino, 1964)。

沒有生命的物體也可代表國王，特別是他的錢幣，上面有他的肖像，有時還有他的名字(一個金路易約值十五里弗〔livre〕)。他的甲冑與代表他個人的圖案(太陽)也是如此。他的床鋪，他的餐桌也是一樣，就連國王不在時依然。舉例來說，在擺有國王餐桌的房間內，是禁止戴帽的(Courtin, 1671, p.41)。

在代表國王的無生命物體中，最重要的是他的肖像畫。據說畫家勒布朗(Charles Lebrun)在他為國王畫的肖像畫中，展現出「所有他的高貴特質，就像一面非常清晰的鏡子」(Félibien, 1688)。這些肖像畫也被視為國王的替代品。舉例來說，當國王人不在凡爾賽宮時，里戈(Rigaud)為國王繪製的那幅著名肖像畫，便在凡爾賽宮接見訪客的御座殿中，取代了他的位置。背對這幅畫，就像背對國王一樣，是一種不敬的行為(Courtin, 1671, p.40)。節慶時，各省的國王肖像畫便代表國王(M. G., September 1687, p.178)。這些肖像畫如聖人的畫像一般參加遊行(M. G., April 1687, p.141)。這種比喻並不算太過牽強，畢竟國王有時被稱為聖路易。

　　由於路易十四有意扮演好國王的角色，他也可以說是代表他自己。我們可以從某位在 1670 年代拜訪法國宮廷的義大利貴族所寫的回憶錄中，看出路易十四這種有心扮演的心態，以及宮廷臺前、臺後區域間的差別。「私下裡」，也就是說，在他的房間中，跟一小撮朝臣相處時，路易十四並不嚴肅，但要是門打開來，「他的態度與表情立即轉變，好像他要上臺表演一般。」(Visconti, 1988. p.28)

　　如宮廷演說家波舒哀與其他政治理論學者所指出的，路易十四也代替了上帝。統治者是上帝的「肉身形象」，「上帝的代表」(Lacour-Gayet, 1898, pp.306, 357)。

　　我們也可以說，路易十四代表國家。當時有一位地位不是很重要的政治作者曾經宣稱，國王「代表整個國家」。當然，「國家就是我」這個短句相當出名，據說這句話出自路易十四。就算他其實並沒有講過這句話，他至少也讓他的大臣以他的名義寫下「當一個人想到國家時，其實是在為他自己努力。」(Longnon, 1927, p.280)他的敵人與朋友都接受他的這種說法。波舒哀宣稱「整個國家都屬於他」，一本新教徒的手冊則埋怨說「國王已經取代了國家」(Bossuet, 1967, p.177; *Soupirs*, 1689, p.18)。

　　不過，代表國家並不表示他就是國家。波舒哀提醒國王說，他會死，但他的國家應該不朽。據說路易十四死前曾說：「我要離開了，但我走後國家依然存在。」(Bossuet, 1967. p.141; Louis XIV, 1806, 3, p.491)把那句短句太當真，並沒有什麼意義。

　　「再現／表演／代表」這個術語還有一個好處，就是這個術語不但是指國王的畫像與文字描述，以及用各種媒體塑造的形象，這個字也可以指路易十四在當時「民眾心中」的形象，或如法國史學家與人類學者所說，在當時「民眾腦海中呈現」的形象。至少就英

文來說，「民眾腦海中呈現」這個講法有一個缺點，因為這似乎意謂每個人對國王的看法都一樣，也或者意謂存在有一種與心理學家容格（Jung）的「集體潛意識」（collective unconscious）類似的集體想像。為了要避免這種誤解，我選擇另一個標題。

我把本書取名為「製作」（fabrication）路易十四，我無意要像1792年摧毀他雕像的革命分子一般，打算解構或摧毀路易十四。我並不否認路易十四頗為稱職。有些決定其實不是他做的，但他還是做了不少決定。十七世紀作家以「繪製的國王」（painted king）這名稱，描述能力低弱的君主，這名稱並不適於路易十四。我使用「製作」這用語，並不表示路易十四是人造虛偽的，或其他人是真實自然的。高夫曼曾經很高明地指出，就某方面來說，我們都是人造的。路易十四之所以不同，不過是因為在營造的過程中，他得到特別的協助。

我選擇「製作」這用語，主要有兩個理由（cf. the title of Biondi, 1973）。第一，「製作」表示一種過程，我想探討長達半世紀以上有關路易十四的形象製造過程。今天，我們是在回顧歷史，由於我們已有凡爾賽宮與聖西門的回憶錄，對我們來說，路易十四老年時代的形象幾乎已掩蓋了他較年輕時的影像。「製作」這種用語，就像本書以編年順序組織一樣，可以傳達出發展、過程的意味。基於同樣的理由，我們若以觀察不同媒體，在不同時間再現事件的方式——如1672年橫渡萊茵河，與1685年廢除南特詔令（Edict of Nantes）——來討論真實事件如何逐漸「神話化」，也會很有收穫。我們所謂國王事蹟的「授權版本」，其實是不斷更動修改的。

第二點，我之所以捨棄「製作形象」，選擇「製作路易十四」，是因為後者顯示出媒體影響對這個世界的重要性，所謂「製作偉人」

或「製作權力象徵」的重要性(Godelier, 1982; Bloch, 1987. p.274)。大多數當時的人都把國王視爲神聖的人物。人們相信皮膚病患在經「國王觸摸」之後，便會不藥而癒(Bloch, 1924)。他具有卡理斯瑪（charisma）的特質——就原始意義來說，這種卡理斯瑪是指被上蒼塗以聖油，這種油是上帝恩典的象徵；就現代來說，是指領導者身上具有權力光環。不管怎樣，這種卡理斯瑪必須不斷更新。這便是路易十四出現於凡爾賽宮舞臺的主要目的，也是傳播媒體之所以呈現國王的目的。

　　總而言之，本書所採取的研究方法已摒棄了兩種對統治者與其形象的看法，這兩種看法相互對立，我們可以稱其中之一爲「譏諷式」，另一種是「天真型」。如我們所知，在十七世紀便已有人持譏諷式的觀點，排斥國王的形象，稱其爲虛榮、誇大妄想、自戀，說這些形象是朝臣鑽營奉承的結果，認爲——就目前傳播分析的方式來說——這種形象是製造出來的「假事件」(pseudo-events)，由那些對自己所爲都不相信的媒體專家，將與形象相違的事件轉化爲「不存在的事件」。根據這種觀點，當時的官方藝術與文學不過是種「意識形態」的展現，是一連串用以操縱讀者、聽眾與觀眾的詭計(Boorstin, 1962)。

　　有關形象製造的相反看法，則認爲這種工作應該繼續受到重視，因爲這種工作能滿足百姓的心理需求。根據這種看法，稱讚國王的人，是向國王的角色致敬，不是對國王本人拍馬屁。實行中央集權的國家，需要有權力集中的象徵。統治者與其宮廷經常被視爲宇宙的象徵，對於國家的其他部分來說，是一個神聖且「典型的」中心(Shils, 1975; Eisenstadt, 1979)。

　　葛茲在他研究十九世紀峇里的文章中，對這種看法有進一步的

探討。根據葛茲所說，在峇里，國家對治理人民不是很關心，「這方面的工作做得冷冷淡淡，並不積極」。相反的，國家注重「表演，典禮，社會不平等與階級驕傲被戲劇化。在這劇場國家之中，國王與王子是主持人兼演員，宗教人士是導演，農民是配角、舞臺工作人員和觀眾。」如此，葛茲批評譏諷式的觀點，指其過於簡化，他主張說皇室的典禮並不是一種工具，更不是騙局，這典禮本身就是一種目的。「權力支持表演，而非表演支持權力。」(Geertz, 1980, p.13; cf. Tambiah, 1985)

這樣描述十九世紀的峇里正不正確，對我們並不重要。我們這裡所關心的是葛茲有關表演與權力關係的講法。這講法適不適用於歐洲，特別是法國？十七世紀歐洲最明顯的「劇場國家」，當然就是教皇國，這個國家並無軍隊(史達林曾經問道，教皇有多少師軍隊?)，有的是壯觀的典禮與場景(Burke, 1987, ch. 12)。就路易十四來說，這講法也有適用之處。路易十四被視為一位神聖的領袖，他的宮廷反映宇宙。這說明為何經常國王會被拿來與天帝朱比特(即希臘天帝宙斯)相比。

要是我們比較這兩種講法的話，我們可以說這兩種對立的講法都各有洞見，但卻都有所蒙蔽。持譏諷觀點的人其實犯了過於簡化的毛病，他們不願意承認，神話、儀式和崇拜符合人民心理需求。他們在沒有充足的證據之前，便認為過去的統治階級跟他們一樣，是抱持譏諷的態度。從另一方面來說，對立的那一種講法也是在沒有充足的證據支持前，便草率認為社會中每一個人都相信這種社會的神話，這種講法並未將捏造事實與操縱人民的具體事實列入考量。

就路易十四的例子而言，這兩種方法都各有用處。從某方面來說，我同意譏諷人士的看法，相信路易十四並非如宣傳所稱是那麼

英明的一位君主。本書稍後提出的證據足以證明，政府有時會設法
誤導大眾，法軍掠奪海德堡(Heidelberg)時是如此，法軍在布倫亨
(Blenheim)失利時也是如此。很可能有些朝臣與文人之所以頌揚路
易十四，是爲了他們自己的前途，希望路易十四能提拔他們。

　　但是在分析路易十四與他臣下行爲之時，我們並不需要太注重
誠懇與眞實性。十七世紀的人並不像現代人，那般注重誠懇。其他
的價值觀——譬如合宜(decorum)——反而更爲重要(Trilling, 1972,
ch.1)。不管怎樣，這套體系並非純靠奉承拍馬屁的人來運作。不太可
能所有爲國王歌功頌德的人，都抱持譏諷的態度，想說服別人那些
連自己都不相信的事。至少路易十四本人、宮廷人士與國家人民都
接受那理想化的國王形象，譬如說相信國王的觸摸有治療皮膚病的
效用。如果我們不管當時的環境，路易十四這種神聖、無敵的君主
形象，當然會顯得過於誇大妄想。不過，我們必須學習從當時的環
境來看，把路易十四的神聖形象視爲集體創造的結果，並且至少認
爲此事符合人民部分的心理需求——就算大眾並不完全清楚他們要
什麼，也是一樣。當人民並不完全清楚這種過程時，形象對支撐權
力的效果只會更大。

　　如此，這兩種講法都各有用處。我們可以說，這兩者之間的張
力，也頗有用處。要說有可能解決這兩者間的對立，達成某種綜合
的話，可能是以如下的方式。國王與他的朝臣很清楚以象徵操縱百
姓的方法。畢竟他們大多都受過修辭學訓練。不過，他們操縱別人
的目的，當然是受他們所處的文化所影響、所控制。他們的目的與
方法都是歷史的一部分，也是本書敍述的一部分。

　　在以下各章，我會設法結合編年與分析兩種研究方法。我把有
關七十多年國王形象製作的敍述，置於討論當代媒體的章節與討論

國內外接受國王形象情形的章節之間。在做最後分析時，我會設法以超然的觀點來審視路易十四，將他的公眾形象與同時期其他十七世紀君主的形象對照比較，並將他的形象置於古今的君主形象史中衡量。

我們可以用現代傳播分析家研究出來的一個定則，總述本書研究的目的，便是企圖發現誰向誰談到路易十四，使用何種管道與何種符碼，在何種場合，動機爲何，效果怎樣(Lasswell, 1936; Hymes, 1974)。下一章將討論管道與符碼，換句話說，也就是說服用的媒體。

第二章

說服

適當的讚美是門高尚的藝術

—— 布伍斯 (Bouhours)

　　在本章中我將簡單描述路易十四的形象，說得更貼切點，是提供各式各樣的路易十四形象，我也特別強調一再出現的一些主題與一些較常見的普通現象。不過——正如傳播理論學者所經常講的——把訊息與訊息所用的媒體分開，是不可能的。文學批評家也說過內容與形式無法分開，在研究時不可忽略類型與其傳統。因此，在為路易十四進行整體描述之前，我們必須先討論媒體與類型。

媒體

　　自從德國批評家萊辛 (Lessing) 在 1766 年發表的那篇討論拉奧孔 (Laocoön, 編按：希臘化時代著名雕刻，描繪特洛伊祭司拉奧孔及其子與海蟒的死亡搏鬥) 的著名論文之後，批評家便多半會注重每一種藝術

媒體的特徵。不過，跟文藝復興時期一樣，在路易十四的時代，各類藝術間——從詩到繪畫都是如此——的相似處要較今天爲多(Lee, 1940)。不同的媒體，以類似的方式呈現國王事蹟。有騎馬的畫像和雕像，紀念章上的圖樣在淺浮雕上重現，描述油畫的文章也歌頌國王，尤爲著名的是費利比安(André Félibien)所寫的〈國王肖像〉(Portrait du roi, 1663)，這篇文章表面上是在描述勒布朗的一幅畫。(Rpr. Félibien, 1688, pp.83-112; cf. Bosquillon, 1688; Benserade, 1698, 1. pp.171-2; Guillet, 1854, I, pp.229-38)

在各式媒體充斥的情況下，要決定是以視覺形象爲輔，說明文章，還是以文字爲輔，說明視覺形象，並不容易。重點顯然是它們互相影響，互有幫助。舉例來說，代表勝利的肖像不僅僅出現於紀念章、雕像與油畫之上，也出現於高乃依(Corneille)的戲劇《金羊毛》(*Toison d'Or*, 1660)之中。爲了要讓國王通過而臨時搭建的凱旋門，與在巴黎和其他地方的石製凱旋門互相呼應。勝利廣場(Place des Victoires)上路易十四雕像上的浮雕與他在位時一些紀念章上的圖形相似，但在豎立這座雕像時，也打造了一枚紀念章。許多紀念章與紀念建築物的圖像出現於版畫。關於路易十四與他的行爲，不同的媒體間，有許多相互類似的呈現方式。

路易十四的視覺形象表現於油畫、銅像、石雕，與掛毯之上(粉彩、琺瑯、木材、陶瓦，甚至蜂蠟也都是表現的材料，但使用的次數較少)。內容包括了路易十四的幼年(圖2)，也有里戈爲他繪製的那幅著名的老年肖像，氣象莊嚴(圖1)。就當時的標準而言，路易十四雕像與油畫肖像的數目——留存下來的數目，超過三百——相當驚人(Maumené and d'Harcourt, 1932)。路易十四的版畫也爲數龐大，在國家圖書館中還可見到七百多件。有一些計畫的規模頗爲龐大，像是

1．路易十四最著名的形象。〈路易十四肖像〉，里戈繪，油畫，約於 1700 年。(Louvre, Paris)

2. 年幼的路易。〈瓦蘭呈獻他的紀念章給小路易〉，畫者不詳，約於 1648 年。（Musée de la Monnaie, Paris）

勝利廣場的路易十四立像，或是路易大帝廣場（Place Louis-le-Grand）的騎馬雕像，後者極爲巨大，馬體內可容二十個人坐下進餐——事實上在雕像安裝時，這種事的確曾經發生。

有時候國王的形象會組成一套敍述。以敍述方式再現路易十四的作品，在當時也是多得離譜。勒布朗所繪的那些著名油畫——稱爲「國王史」——表達了路易十四從即位至 1670 年代的主要事件。這敍述重複出現於掛毯之上，也出現於版畫之中。打造來紀念路易十四在位期間事件的紀念章（超過三百枚，數目高得出奇），上面的圖樣也另以版畫形式出現，這些版畫出版時的名稱，是國王的「紀念章史」。所謂「皇家年鑑」的卷頭版畫，每年呈現一件不同的事件，有時這些也被稱爲「國王史」。

能以機械化方式複製的媒體特別值得重視。複製品增加了路易

十四的曝光率。紀念章較貴，只能製作幾百枚。但是「印刷品」(木刻畫、蝕刻畫、銅版印刷、鋼版印畫，甚或網線銅版印刷)就便宜多了。它們可以成千上萬地複製，對提高路易十四的曝光率及散布關於他的消息，相當有用(Griver, 1986)。

國王的形象也可以藉由文字建構，不論是口頭或書面，法語或拉丁語，出現於散文，也出現於詩。口語媒體包括佈道與演講(舉例來說，向各省的三級會議代表演講，或由駐外的使節提出演講)。頌揚國王的詩不斷出現。關於路易十四的歷史在他尚未過世前，便已出版流傳。期刊──較爲著名的是一週出刊兩次的《法蘭西公報》(*Gazette de France*)與每月出刊的《雅致信使報》(*Mercure Galant*)──花了相當篇幅介紹國王的行爲(Dotoli, 1983)。知名作家如拉辛也爲紀念碑及紀念章細心撰寫拉丁題銘。這是種藝術形式，簡短而莊嚴。這些題銘對形象相當有幫助，因爲這些題銘引導觀眾詮釋他們所見到的景物。

也有由文字、影像、動作與音樂一起組成的多媒體事件。莫里哀(Molière)或拉辛的戲劇經常是晚間娛樂的一部分，這類娛樂尚包括有芭蕾。1670 年時《法蘭西公報》稱一場《中產階級紳士》(*Le bourgeois gentilhomme*)的演出爲「帶有喜劇」的一齣芭蕾。宮廷芭蕾並不是我們目前所謂的芭蕾舞，而比較像是假面戲劇，換句話說，是一種插話式的戲劇表演，是像由班塞哈德(Isaac Benserade)這樣的詩人，與作曲家、舞蹈家及其他藝術家通力合作的成果(Christout, 1967; Silin, 1940)。在 1670 年代與 1680 年代，呂里(Jean-Baptiste Lully)與基諾(Philippe Quinault)設法以一種形式更統一的音樂劇──歌劇──取代芭蕾。出現在芭蕾與歌劇中的抒情詩，經常會恭維國王的行爲，尤其是在開場白中最常如此(Quinault, 1739, p.4. 145f,

269, 341, 5, 200, 257, 411; cf. Gros, 1926）。戲劇、芭蕾，和歌劇經常是較大型節慶的一部分，這些節慶用來爲某個特殊事件增光，舉例來說，1674年的凡爾賽宮「娛樂」，便是爲了紀念佔領弗朗什孔泰(Franche-Comté)一事(Félibien, 1674; Apostolidès, 1981)。

多媒體事件還包括了一些特殊的(換句話說，並不重複的)儀式(譬如1654年路易十四塗油禮、1660年的婚禮)，與一些重複的儀式(譬如觸摸病患治療他們，或接見外國使節)，這些事件呈現出國王「活生生的形象」(Möseneder, 1983)。國王的日常生活——起床、進餐、就寢——也是如此，這些行爲高度儀式化，可以視爲小型的戲劇。

這些儀式的場景通常是一座宮殿：羅浮宮、聖日耳曼宮(Saint-Germain)、楓丹白露宮(Fontainebleau)、凡爾賽宮所佔的比重則愈來愈大。凡爾賽宮尤其可以視爲永久展示國王形象的地方(Pincemaille, 1985; Sabatier, 1985, 1988)。路易十四在各處都可以看到自己，連天花板也不例外。當1706年安裝的那個時鐘報時的時候，便會出現一尊路易十四的雕像，然後名譽之神下降，爲他戴以桂冠。

宮殿不僅僅是各部分的組合體。宮殿是主人的象徵，他人格的延伸，也是他自我表演的工具(圖3)。我們後來會見到，考爾白批評義大利雕刻家兼建築師貝尼尼(Gianlorenzo Bernini)爲羅浮宮所做的設計，認爲這種設計不便利也不實際，但是就連考爾白也認爲要有「一個配得上君王的門面」(Perrault, 1909, p.60)。凡爾賽宮尤其是這位統治者的形象，路易十四曾小心謹愼地監看這棟宮殿的建造。這宮殿不但是表演用的場景，也是一些表演的主題。呂里的《凡爾賽宮岩洞》(1668)，拉朗德(Lalande)和莫瑞爾(Morel)的《凡爾賽宮噴泉》(1683)，以及菲利多爾(Philidor)的《凡爾賽宮運河》(1687)，都以凡爾賽宮爲主題。官方出版凡爾賽宮的版畫，分發出

3. 太陽王的宮殿。（凡爾賽宮大理石廣場）

去以為國王增添光采。

類型

有時候解讀形象並不如表面上看來這麼容易，至少在製作者與觀看者之間的文化差距大到像我們與十七世紀這麼遠時便是如此。要越過這道鴻溝，我們應該謹慎地注意當時人士對這些形象的描述。有一些描述可在當時有關凡爾賽宮的簡介上看到，這類敘述就像紀念碑與紀念章上的題銘，是用來形塑觀眾的認知(Combes, 1681; Rainssant, 1687)。如我們所見過的，有關國王肖像的描述，是出於詩人與史學家之手。

為了避免誤解路易十四的形象，我們不僅應該考慮到媒體，也

該考慮到不同的類型與其功用。每一種類型都有其傳統。觀眾(或者只是某些觀眾)對這些傳統都很清楚，他們有固定的期望與詮釋方法。後浪漫時期的觀眾和聽眾認爲陳腔濫調不如創新，但十七世紀的人們似乎並不反對沒有創意的東西(Curtius, 1947)。

至於形象的功用，一般說來，並不是爲了要逼眞地描述國王，或冷靜地描述他的行爲。相反地，這些形象的目的是要頌揚國王，爲他增添光采，換句話說，就是說服觀眾、聽眾與讀者，讓他們相信國王有多麼偉大。在從事這件工作時，藝術家與作者有歷史悠久的諸多成功形式可資利用。

舉例來說，國王進城一般都是遵循羅馬凱旋的模式，有關1660年路易十四與皇后進入巴黎的敍述，便被稱爲他們的凱旋進城(Tronçon, 1662; cf. Roy 1983; Bryant, 1986)(圖4)。就跟其他君主進城一樣，他們兩人穿過一連串爲這場合所臨時搭建的凱旋門。路易十四在位時，巴黎也建有永久性的凱旋門，如聖丹尼門(Porte St. Denis)、聖安東尼門(Porte St. Antoine)和聖馬丁門(Porte St. Martin)，另外從里耳(Lille)到蒙貝列(Montpellier)的鄉鎮也都有。

另外一種的凱旋形式是騎馬雕像，這也是依循古羅馬的類型，在城鎮的中央豎立統治者的形象。這類騎馬雕像紀念碑的傳統頗爲嚴謹。騎士一般身著羅馬盔甲。馬匹採小跑步的姿態。馬腳下可能會有某種代表邪惡或混亂被擊敗的象徵。

有一些關於路易十四的畫像，畫中的人物就比較不正式，他可能穿著自己的衣服，進行狩獵，或坐在有扶手的椅上，或甚至在打撞球(Maumené and d'Harcourt, 1932, nos 79, 178)。不過，有可能這些畫像只是爲展示給私人看，而不是要給大眾觀賞的。大多數有關路易十四的繪畫都是遵循藝術史學家所謂的「君王肖像畫」類型，這種類型

4. 〈新市臨時搭建的凱旋門〉。取材自「凱旋進城」，版畫， 1600 年。（British Library, London）

是根據文藝復興時期爲描述重要人物所發展出來的「形象規則」。在這些君王肖像畫中，畫中的那位人物，一般是有眞人大小，或比眞人要大，採站姿或坐在御座上(圖 5)。他的視線望向觀眾上方，以強調他的地位崇高。根據「合宜」的標準，畫中人物不穿日常衣服。他穿戴象徵勇氣的甲冑，或表示地位崇高的華服，周圍是一些與權力或氣派有關的物品——古典的圓柱、天鵝絨的簾布等等(Jenkins, 1947; Mai, 1975; Burke, 1987)。他的姿態與表情都極具尊嚴。

　　就詩而言，類型也一樣重要，甚至更爲明顯。在正式的論述與德布雷奧(Nicolas Despréaux)以韻文寫成的《詩藝》(Art poétique, 1674)中，都摘述有不同類型的規則。德布雷奧——一般人稱他爲布瓦洛(Boileau)——是路易十四在位時一位重要的詩人。沒有詩人以路易十四爲主角撰寫史詩，這或許顯示史詩這種形式並不受重視。爲政府提供文宣建議的詩人夏普蘭(Jean Chapelain)便反對史詩，他認爲史詩免不了會有一些「虛構」(毫無疑問他是想到荷馬與魏吉爾〔Virgil〕史詩中的諸神)，這有可能反而會對路易十四的名聲不利，因爲讀者會對他的眞實成就起疑(Chapelain, 1936, pp.335-6; Krüger, 1986, pp.227-46)。不過，還是有一首以拉丁文撰寫談論國王騎術的「英雄詩」，此外，也經常出現歌頌路易十四的十四行詩、小調，和頌詩(odes) (Fléchier, 1670)。

　　頌詩可以定義爲一種以有長短詩行的詩節所組成的抒情詩(Jump, 1974)。這種詩的功用——像騎馬雕像或君王肖像畫一般——基本上是用來慶祝的。古希臘詩人品達(Pindar)曾爲馬車競賽勝利者寫下不少頌詩。許多詩人也以類似的方式爲路易十四的勝利歌頌。1663 年拉辛以一首關於康復的頌詩，慶祝國王病除，詩中描述「無禮的疾病」竟敢背信，威脅國王的健康，路易十四被比爲太陽，他

5．御座上的路易。〈皇家美術與雕刻學會保護者路易十四肖像〉，泰斯泰蘭繪，油畫，1666-8
年。（Château de Versailles）

統治的這段期間被比做黃金時代(Racine, 1951-2, 2, p.986)。路易十四在位時許多較不知名的詩人，也寫這種詩，尤其是在 1687 年，那時國王剛經歷過一次嚴重的手術，正在康復當中(Benserade, 1698, 1, pp.193-4)。

在詩與散文中，國王的形象都是以表達勝利的修辭形式寫出。在十七世紀的法國以及古代，在各種場合(從出生到葬禮)用來讚揚某位特殊人士的讚辭與演說，是一個受人歡迎的類型。頌揚路易十四的頌辭比賽定期舉辦，耶穌會信徒則以他們撰寫拉丁文講稿的技巧著名。拉博納(Jacques La Beaune)以拉丁文所寫的頌辭：「最慷慨的路易大帝，藝術之父與贊助人」，便是這類型的一個絕佳的例子，這篇演講在付梓之前，曾在巴黎的耶穌會學院發表(La Beaune, 1684)(圖 6)。

佈道文(sermons)在當時也是一種相當受歡迎的演講形式。佈道是一種藝術，(除了波舒哀之外)佼佼者有弗烈雪(Valentin-Esprit Fléchier)、耶穌會會員布爾達魯(Louis Bourdaloue, 他於1672 至 1693 年間在宮中進行了十回封齋期與降臨節的佈道)、拉許(Charles de La Rue)，和演說家馬西隆(Jean-Baptiste Massillon)，後者於路易十四在位末期在凡爾賽宮佈道，獲得極大的成功(Bossuat, 1961; Bourdaloue, 1707; Fléchier, 1696; La Rue, 1829)。弗烈雪為屠雲尼(Turenne)元帥葬禮的演說，與布爾達魯為孔代(Condé)葬禮的演說，都被視為這類型的經典之作(Perrault, 1688-97, pp.262ff)。(由國王本人所挑選的)宮廷演說家早在路易十四過世之前，便不斷頌揚他，將法王比為舊約中神聖的掃羅王(Saul)與大衛王(David)。在皇后過世時(1683)波舒哀的佈道文也談到國王的許多優點。他在勒泰利耶(Michel Le Tellier)掌璽大臣過世時(1686)的佈道文，以及廢除南特詔令時的許多佈道文都是如此(Bossuet, 1961, pp.310, 340)。不過佈道家

6. 〈藝術保護者路易〉。摘自拉博納的《頌辭》，1684 年。（British Library, London）

也可以提醒國王注意他的職責，或(以模糊概略的話)批評他的行為，尤其是當他們在封齋期佈道時，更是如此(Truchet, 1960, 2, pp.261-58)。

　　歷史也被視為一種文學類型。習慣上歷史作品須包括一些固定形式的敘述，譬如某位統治者、大臣，或指揮官的人品或道德描述，一場戰爭的生動敘述，以及主要參與者的言詞辯論(這些辯論經常不過是史學家所杜撰的)(Rapin, 1677)。如此，布瓦洛與拉辛被任命為皇家史料編纂家，也就不足為奇了。

風格

　　就敘述性的油畫與君王肖像畫而言，適當的風格是所謂的「壯麗」或「輝煌」(Poussin, 1964, p.170; Piles, 1699, 1. p.6; Coypel, in Jouin, 1883, p.280)。這種風格將事物理想化。如貝尼尼在製作路易十四半身像時所說：「描寫的訣竅，在於誇大美好之處，使其更添輝煌，在可能時使醜陋或一些不出色的地方模糊化，甚或將其完全抹煞。」(Chantelou, 1889, p.212)

　　這種壯麗的風格還是包含了一些重要的變化：一方面是藝術史家一般稱為「巴洛克式」(baroque)的風格，這種風格常被與貝尼尼聯想在一起，特徵是動作——以後足站立的馬，戲劇性的動作等等；另一方面是常令人聯想到普桑(Poussin)的「古典主義」的理想，特徵是保守的姿態，平靜的尊嚴，較注重真實、自然，或合理，至少在細節上是如此。路易十四出征時會命他的藝術家勒布朗與莫朗(van de Meulen)隨行，如此他們才能精確描繪出他的勝利。

　　跟史詩一樣，頌詩也是所謂「崇高文體」(high style)的類型之一，相當於繪畫時的壯麗風格。目的是要以高尚的語言表達高尚的

思想，使用委婉或迂迴的說法以避免專業術語或提到日常事物。對當時的詩人來說，法蘭德斯與荷蘭(Holland)的「野蠻」地名與崇高文體不相容是個令人頭疼的問題(Boileau, 1969, p.45)。布瓦洛解決這問題與其他問題的方法，是在他的詩中討論這些問題。他寫半正式的書信體詩與正式的頌詩。他也在他的詩中引進反諷的意味，這做法與頌詩的傳統相違，有時被視為反動，但其實可能不過是他的一種嘗試，設法將古老的類型與現代世界的需要融合(France, 1972; Pocock, 1980, pp.74ff)。

佈道文——至少那些在國王面前講說的佈道文——習慣上也要有崇高的文體。佈道家馬西隆的對手波舒哀便批評他不夠崇高。至於歷史，這是散文形式的史詩。史學家要歌頌的是英雄事蹟，因此也應該以與他們所描述的莊嚴事蹟同樣崇高的文體書寫。當拉辛描述路易十四在位期間「充滿一連串令人驚奇的事」，一件「令人驚奇的事」緊接著另一件發生之時，他使用的是當時的標準語言(Rapin, 1677, pp.43ff; Racine, 1951-2, 2. p.209)。

在另一方面來說，不管是(像 1660 年代的某些報紙那樣)使用韻文，或使用散文，《法蘭西公報》使用的是較接近日常語言的「通俗」文體，也不避諱專業術語及外國地名。《法蘭西公報》的文體傾向於平實簡單，少有形容詞及其他裝飾，但傳達的訊息卻很豐富。除非是慶祝勝利等等的特別專刊之外，文章的語氣平淡，帶有公正與可信度。在表面上，《法蘭西公報》的修辭方式，摒棄了累贅的修辭。

跟詩人一樣，由於政治與美學上的理由，史學家與題銘的作者也擅長委婉用語。一枚上有「接收史特拉斯堡(Strasbourg)」銘文的紀念章，便是打造來紀念 1681 年法軍佔領史特拉斯堡之事。紀念1683 年轟炸阿爾及耳(Algiers)的紀念章上，銘文為「雷擊阿爾及

耳」，暗指路易十四是古典文學中的朱比特大帝，同時也表示法國戰艦的作戰行動，是屬於自然界的力量。

顯然誇張是常出現於頌揚文學的修辭法。另一個則是以部分表示全體的提喻法，路易十四便是代表全體的那一部分，大臣、將領，甚至軍隊的成就都歸於國王本人。曾經以外交官身分待過凡爾賽宮，也曾在日內瓦擔任過修辭學教授的斯潘亨（Ezechiel Spanheim），分析了路易十四那些頌辭作者的技巧。「他們將他在位時所有的成功，都歸諸於他與他的想法，說這些都是出於他的智慧，他的謹慎行事，他的勇氣，和他的指示。」(Spanheim, 1900, p.70; on him, Loewe, 1924)

另一個常出現的修辭法是隱喻，譬如把國王比為太陽。由於這一個特殊的隱喻不論是在凡爾賽宮或在其他地方的裝潢上，都發展得非常徹底，因而我們可以把這個隱喻視為一種建築的寓言形式 (Sedlmayr, 1954)。

寓言

寓言的方法在那個時代並不陌生，至少對那些高級知識分子來說是如此。古典諸神與英雄經常與道德聯想在一起——戰神代表勇氣，雅典娜女神代表智慧，赫丘力士代表力量等等。勝利是一位有翅膀的女人，豐饒是一位手持羊角的女人。法國與西班牙（圖 7），以及巴黎和柏桑松（Besançon）也以女人為代表（有時這些女人會穿著地區性的服裝），河流則變成老年人 (M. G. December 1684, p.3-9)。即使是對那個時代的人來說，有時解讀寓言還是不太容易，但當時的人對文學與繪畫方面的謎團並不排斥 (Montagu, 1968; Rosasco, 1989)。

路易十四經常會與這一類的寓言人物一起出現。舉例來說，凡

7. 〈庇里牛斯和平寓言〉，蒂爾當繪，油畫，約於 1659 年。（Louvre, Paris）

爾賽宮的鏡廳便充斥著這類化身，有一些是古典的，譬如海神或勝利女神，有一些就相當現代，像法蘭西學會(一位握有權杖的女人)或荷蘭(一位騎獅的女人，這頭獅子握有七枝箭，代表七個省)。藉由寓言，藝術家得以不著痕跡地描述事件，譬如國王決定親自統治一事。

　　藝術家與作家有時會以間接或寓言的方式描述路易十四。舉例來說，諾克黑(Jean Nocret)對王室的描畫(圖8)，便是依據文藝復興傳統的「神話式描畫」，每位人物都轉化為某個特別的神祇或英雄(Bardon, 1974; Polleross, 1988)。羅浮宮、凡爾賽宮、杜伊勒利(Tuileries)與其他皇宮的神話式繪畫，也需要以寓言的方式去解讀，路易十四時而變成阿波羅(圖9)，時而又變成朱比特、赫丘力士，或海神。1663年舉行描繪國王英雄事蹟的油畫比賽時，規定這些畫要「以神話人物達那依(Danaë)的故事形式表現，融入收復敦克爾克(Dunkirk)的事蹟」(Montaiglon, 1875-81, 1, p.224)。凡爾賽宮著名的拉托娜(Latona)噴泉，描述一群農夫因為嘲笑阿波羅的母親，而被變為青蛙，根據頗為合理的解釋，這座噴泉其實是指涉投石黨運動(Fronde)(Whitman, 1969)。

　　描述過去事蹟也是寓言的一種形式。這些作品應該被視為以間接方式描述現代(十七世紀的觀眾習於這麼做)。當路易十四要勒布朗畫下亞歷山大大帝的生平事蹟時，這不但表示他尊敬亞歷山大大帝，也表示他視自己為亞歷山大大帝(圖10)；同時，他的臣下也該視他為亞歷山大。與勒布朗的那一套畫相對應的是拉辛的悲劇《亞歷山大大帝》(Alexandre le Grand)，這悲劇於1666年發表時，是為獻給路易十四的(Posner, 1959; Grell and Michel, 1988)。

　　路易十四也被比為與他同名的聖路易(St. Louis)。在繪畫與雕

8.〈路易十四一家〉,諾克黑繪,油畫,1670年。(Château de Versailles)

像中,他被描述成聖路易(Polleross, 1988, no. 555)。當他在位時,八月二十五日(也就是聖路易節)的慶祝活動,愈來愈繁複。慶祝活動漸漸把路易九世和路易十四都包括進來(M. G., 1679, 1681, 1682, etc.; cf. Zobermann, 1985; Neveu, 1988)。

　　路易十四也被比為查理曼(Charlemagne)和法國的第一位基督敎國王——克洛維(Clovis)。雖然國王本人不曾做為史詩的主角,德馬雷(Jean Desmarets)(致贈給國王)的《克洛維》(1657),以及勒拉布黑(Le Laboureur)和庫丁(Nicholas Courtin)所寫關於「查理曼」的史詩(1664、1666),都可以視為間接描述路易十四的行為。舉例來說,他甚至被比為耶穌,是善良的牧羊人(圖11)。

9. 阿波羅路易。〈路易十四的凱旋勝利〉，韋爾納繪，水彩畫，1664 年。（Château de Versailles）

10. 以亞歷山大大帝形象出現
的路易。〈大流士一家人跪於亞
歷山大足前〉，勒布朗繪，油
畫，約於 1660 年。(Château de
Versailles)

11. 〈善良的牧羊人路易十四〉。
塞樊繪(待考)，羔皮紙畫。

這時期的歷史小說有不少是根據真人實事所寫的小說，其中暗藏的意義只有對宮廷相當了解的內行人才看得出來。舉例來說，在斯居代里小姐為稱讚路易十四所寫的《克雷禮》(*Clélie*, 1654-61) 中，路易十四便被比為「阿爾坎德」(Alcandre)，比西-拉布丁 (Bussy-Rabutin)的《高盧人的愛情故事》(*Histoire amoureuse des Gaules*, 1665)則顯然是一個關於宮廷陰謀的寓言(Scudéry, 1654-61; cf. Scudéry, 1669)。就連學術作品也可以有寓言的涵義。正當歐洲國家聯合對抗法國之時，屬於外交部的杜波斯(Jean-Baptiste Du Bos)發表了康布萊(Cambrai)聯盟對抗威尼斯的歷史，此事絕非偶然(Du Bos, 1709; cf. Klaits, 1976)。

國王的肖像

至此我們可以把我們手邊有關路易十四的視覺與文字形象組合成一個混合的肖像(路易十四的視覺形象參看 Mai, 1975; 文字形象參看 Marin, 1981)。在一般描述中，路易十四身著羅馬或中古甲冑，或身著飾有百合花圖紋以貂皮為緣的「帝王斗篷」。除了這些古老的服裝之外，他還戴有十七世紀末的假髮。手裡握著一顆寶球、一柄指揮杖，或權杖，這些都是指揮權的象徵。他的身形通常是靜止不動，這姿勢也象徵權力。或許在當代人批評王族肖像，談論其中的莊嚴或威風的氣勢之時，他們指的便是這些特徵(Guillet, 1854, pp.229ff; Sabatier, 1984)。

至於路易十四的表情，可說既熱誠勇敢，又尊嚴親切。對法國國王來說，微笑似乎並不適合。的確，有人便說就是因為貝尼尼雕像臉部的微笑不合宜(圖12)，才會使雕像遭到拒絕的命運，或更精確地說——由於浪費這些大理石相當可惜——才會使那尊雕像被改

12. 貝尼尼所製那尊不幸的雕像。〈路易十四騎馬雕像的模型〉，貝尼尼製，約於 1670 年。(Galleria Borghese, Rome)

製爲一位古羅馬英雄(Wittkower, 1961)。

　　我們以一幅肖像爲主來討論，或許會較爲容易。里戈所繪的那幅正式肖像畫(圖 1)，是一個方便的例子。這幅畫特別適合，因爲據知路易十四特別喜歡這幅畫，還下令複製(Mai, 1975)。古典的圓柱(底座有寓言人物正義的圖像)與天鵝絨簾布，傳達出文藝復興時期正式肖像畫的影子。不過，這幅畫並不如表面看來這般傳統。畫家在兩個對立的潮流中，極富技巧地做出折衷。

　　首先，這幅畫將寫實的細節理想化。不久前曾有一位史學家稱

這幅畫「極為逼真，連疲倦的眼神，以及 1685 年因為上顎拔去一顆牙齒所造成的嘴形塌陷，都描畫出來」。奧古斯都（Augustus）的肖像畫總是維持他掌權時的年紀，女皇伊莉莎白一世（Queen Elizabeth I）在畫中總是戴著藝術史家所稱的「年輕面具」，但里戈畫裡的路易十四卻是逐漸衰老。不過里戈把路易十四衰老的頭部置於年輕的身軀之上。另一位史學家指出他優雅的雙腿，以及腿部的「芭蕾舞姿」，這些特點讓人想到國王以前跳舞的日子（Hatton, 1972, p.101; Blunt, 1953, p.401）。

這畫也達成了正式與不正式間的某種平衡。國王身著加冕皇袍，周圍是他的寶物、皇冠、寶劍與權杖，這些都是他的權力象徵。然而路易十四也想要成為——就十八世紀初的標準而言——一位現代的君主，他王國中的第一紳士，他握權杖的方式顯得隨意，尖端朝下，好像這權杖是他平常在大眾面前手持的拐杖（圖18）。里戈可能有想到范戴克（Van Dyck）所繪查理一世打獵的那幅不正式的畫像，畫中（也喜歡帶手杖的）查理一世的姿勢頗為類似（圖13）（關於范戴克參看 Held, 1958）。路易十四佩有中古的正義之劍，但這把劍看來不像聖物，倒更像一把普通的劍。跟布瓦洛一樣，里戈筆下的國王並無架子，他將文藝復興的古典傳統與現代感相融合。

里戈的繪畫顯示，當代的藝術家對高夫曼所謂個體表演中「臺前」的重要性掌握得相當好（Goffman, 1959）。畫中的路易十四身旁通常都有成串代表威嚴的道具，譬如寶球、權杖、寶劍、雷電、戰車，和各式各樣戰利品。諸如雅典娜或其他象徵勝利或名譽的女神經常會站在國王附近，或在他附近飛翔，不然她們便是在為他戴以桂冠。河流——譬如萊茵河——則舉起他們的雙手，對國王的成就表示驚奇。這類道具還包括以各種降服姿勢呈現的人物，有戰敗的敵人，

13. 里戈〈路易十四肖像〉的範本。〈查理一世肖像〉，范戴克繪，油畫，約於 1635 年。(Louvre, Paris)

畏縮的戰俘，向國王鞠躬的外國使節等。怪獸被踩在腳下——代表背叛的巨蟒(python)，異端的九頭蛇(Hydra)，三頭的冥府門狗(Cerberus)，與三身的傑里恩(Gerion)怪獸(後兩者象徵路易十四的敵人三國聯盟)。

對於現代讀者來說，有關路易十四的文字描述有個好處，因為形容詞的使用，這些描述通常意義清楚。正如古代的亞述(Assyria)與羅馬帝國一樣，形容君主有一套標準的形容詞(J. Espitalier, 1697, 引自 Römer, 1967, p.119n)。曾經有一位詩人設法在一首十四行詩中，寫入五十八個形容詞。路易十四一般被描述為威風凜凜、(像太陽一樣)光彩奪目、有毅力、明智、慷慨、光榮、英俊、英勇、聞名、不朽、無敵、公正、勤勞、寬宏、大方、虔誠、勝利、謹慎、富於智慧。簡單地說，他「偉大」(great)，這形容詞於 1671 年正式獲得採用 (Blondel, 1698, p.608)。文章中的「路易大帝」經常以大寫出現。

讀者(或聽眾)也知道路易十四並不會拒他的屬下於千里之外；他是臣民的父親；藝術與文學的保護者，在這方面他有完美的判斷力與「精緻的品味」(Molière, 1971, 2. pp.1193-4)；他是最虔誠的天主教國王；異端的消滅者；法律的恢復者；「比雷電更令人畏懼」(Racine, 1951-2, 1, p.990)；「和平與光榮的決定者」(Menestrier, 1689)；開拓疆界的名主；國家的第二位創建者；「偉大國王的最完美典型」(Perrault, 1688-97)；「我們肉眼可見的神」；以及宇宙間最有力量的君主(Robinet, 1665, 引自 Rothschild, 1881, p.37)。

國王的形象也與古代的英雄相關。他被描述為當代的亞歷山大(至少在 1660 年代時，這是他最喜歡的比喻)、當代的奧古斯都(將巴黎的磚塊變為大理石)、當代的查理曼、當代的克洛維、當代的君士坦丁、當代的查士丁尼(Justinian, 編纂著名法典)、當代的聖路

易、當代的所羅門、當代的狄奧多西(Theodosius)(他就像狄奧多西摧毀亞利安〔Arian〕異端一樣，消滅新教徒異端)。亞耳(Arles)學會的維特隆(Charles-Claude de Vertron)曾把其他用來與路易十四相比，也被冠以「偉大」這個形容詞的君王都列出來，這些君主包括波斯的居魯士(Cyrus)，也包括了法國的亨利四世(Vertron, 1686)。

現代讀者可能會覺得這個時期的許多文學頗為遙遠，不易了解，原因之一是讀者必須不斷想到寓言這個因素。現代讀者可能會覺得一些擬人化的人物——譬如有翅膀與桂冠的勝利女神，有羊角的豐饒女神——就算不荒謬，也頗為奇怪。另一個障礙是對崇高文體的態度轉變，現代讀者會覺得這種文體過於誇大，難以入耳。今天，我們可能會覺得以前用以表示演說者博學的形容詞顯得重複、無謂又累贅，是「膨脹的修辭」。的確，對我們當今的許多人來說，「修辭」就像「正式」與「儀式」一般，已變為一個令人輕蔑的用語：「不過是修辭而已。」至於頌揚重要的人物，對我們民主時代的人來說，聽來則像奴顏奉承。這種心態、價值觀和預期界限的變遷，對了解路易十四時代的藝術與文學來說，是一個主要障礙。容易造成時代錯置的判斷。

由於這種文化上的差距，採行人類學者——那些研究其他文化的專家——的戰略，會比較明智。這樣我們比較能夠讓現代的讀者與觀眾明白當時的藝術、典禮和文學。我們已經描述過十九世紀峇里的「劇場國家」。在非洲的某些地區，舉例來說，在班圖(Bantu)南部，或在馬利(Mali)，頌詩與頌辭的傳統仍然像古羅馬與文藝復興時期的歐洲一般興盛(Finnegan, 1970, pp.111-46; Curtius, 1947; McGowan, 1958, pp.1ff, 11ff)。把頌詩想成一種重複出現的類型，或把布瓦洛想成

馬利的吟遊詩人(griot)，或許能讓我們對十七世紀法國常見的那些
為路易十四歌頌的作品，不再那麼排拒。至少我們將會較有分辨的
能力。

　　首先，詩中稱讚路易十四的某個形容詞——譬如「英勇的」
——不該被抽離出來，視為某位作者為奉承君主所捏造的謊言。如
果有某人為國王寫頌詩，或另一種形式的頌辭，他是必須使用這種
形容詞的。在十七世紀，寫頌辭是一種很普通的事。歌頌與譴責的
修辭是雄辯術的三大部分之一。

　　稱讚國王的形容詞可能會有些過分，舉例來說，布瓦洛便嚴詞
批評他某些同事歌頌太過。路易十四本人有時也會表示反對。拉辛
曾記錄下國王對他說：「如果你少稱讚我一點，我會多稱讚你一點。」

　　奴顏奉承這想法並不算是時代錯置。問題在於何時何地可以適
用這樣的批評，且這個問題又因為另一個因素而更形困難。有一些
詩人與朝臣擅於在稱讚時不露痕跡。布瓦洛便是使用這種技術。舉
例來說，其名作《致國王》(*Discours au roi*, 1665)便是如此。布瓦
洛聲稱他無法歌頌國王，同時又批評他那些以誇張老套詩文頌揚國
王的對手，這些人把國王比成太陽，或者陳述一些令國王厭煩的功
勳。史學家佩里森(Paul Pellisson)也是使用這種技巧，他在獻給考
爾白的私人回憶錄中說明了他的技巧：「必須要不斷稱讚國王，但卻
不能明白地稱讚。」(關於布瓦洛參見 France, 1972; 關於佩里森參見 Martin, 1981, p.
50. cf. Pellisson, 1735. 1749)我們已經回到古典主義那種排斥修辭的修辭
法。

　　在閱讀這類文學時必須記住的最後一點，就是頌辭不一定必然
只有稱讚。至少在某些時候，頌辭可以是有技巧的規勸，不照實描
寫君王，而把他描述為他應該成為的樣子。舉例來說，拉辛把他的

《亞歷山大大大帝》致贈給國王，告訴他「歷史上充斥著年輕的征服者」，不尋常的是亞歷山大這般年紀的國王，卻能有仿如奧古斯都的舉止。此外，當拉封登(La Fontaine)歌頌路易十四之時——這種情形並不很多——他是稱揚他和平時期的成就，而非他的戰功(La Fontaine, 1948, pp.626ff, 636ff, 730ff)。

　　這類建議在路易十四統治初期最爲頻繁，在以下各章中我們將有進一步地討論。

第三章

日 出

表情威嚴

且不失溫文仁慈:

但是，如果一個人年幼時即顯露如此面貌，

長大後，豈是泛泛之輩而已呢?

——博杜安(Baudouin)，《完美的君王》

　　自從路易十四出生，他的形象便受到重視，全法國都以篝火、煙火慶祝，敲鐘鳴砲，頌唱讚美詩，此外還有佈道，演說，詩歌以為紀念。這些頌詩包括了被放逐到法國的義大利哲學家康帕內拉(Tommaso Campanella)所寫的拉丁詩，詩中他描述這位嬰兒為一位救世主，當他在位時黃金時代將會重返(Campanella, 1915, pp.195-207)。

　　的確，皇位繼承有人，以及子宮中的第一次胎動，便已經是一件值得慶祝的事，這慶祝尤為令人興奮，因為到 1638 年時奧地利的安娜(Anne of Austria)與她丈夫路易十三看來已相當不可能會生

小孩了(*Gazette*, 1638)。因為這個理由,「天賜」這個形容詞被加諸到這孩子身上(Louis le Dieudonné)。

不到五年之後,他的父親便過世了,於是在 1643 年小路易來到了舞臺中央。1643 年他即位時,他的形象有了重大的改變。以前路易是像其他小孩一樣,待在襁褓之中,或穿著像其他七歲以下的男孩所穿的那種長袍。從 1643 年起,畫中的路易開始身著帝王的藍色斗篷,上面飾以金色百合花徽,以及聖靈的項飾,這種騎士制度是亨利三世於 1578 年所建立的。在五、六歲時,畫中的路易便已坐在御座上,手持一枝權杖或一根指揮杖。有時他也身著(當代或古羅馬的)甲冑。

就現代人的眼光來說,畫一位身著甲冑的小孩,可能會顯得古怪或有趣。不過,這麼畫或許是因為甲冑象徵國王所該具有的軍事勇氣,而他的作戰效力向來都是藉由他的軍事將領與其軍隊所展示。當法國於 1643 年在羅克魯瓦(Rocroi)戰役中擊敗西班牙時,當時的一幅版畫便曾描繪國王坐於御座上,恭賀他的將領德昂吉安公爵(duc d'Enghien,即孔代)。這幅版畫名為「路易十四的最初勝利」(Maumené and d'Harcourt, 1932, no. 151)。

把這位年輕國王呈現給他子民的另一種方式是典禮。1643 年他正式進入巴黎,慶祝登基。同年他舉辦了他首次的審判會議(lit de justice),換言之,他舉辦了和法國的最高法院——巴黎最高法院(Parlement of Paris)的首次正式會議,以更改他父親遺囑中的條款,讓他母親安娜——在馬薩林(Mazarin)紅衣主教的協助下——攝政治理法國(關於攝政的建立,參看 Wolf, 1968, ch. 2)。

這裡的最高法院並非英語中的國會。不過,法官們也自視為他們所謂的王國「基本法」的守護者。1648 年,差不多就是英國國會

審判查理一世之時，巴黎最高法院在稱爲投石黨運動的政治行動中，扮演了領導的角色。在參與其事的人(貴族與法官)眼中，這項行動是爲了抗議紅衣主教李希留與馬薩林破壞法國古老法律的行爲，宮廷則視這項行動爲反抗君王。投石黨運動可視爲兩種王權觀念的衝突，有限制的王權與「絕對的」王權(Keohane, 1980, pp. 220ff)。

根據第一種看法，法國國王的權力受限於王國的「基本法」，而巴黎最高法院便是這項法律的守護者。根據第二種看法——這在宮中很流行——國王擁有「絕對權力」(absolute power)。這用語經常被賦予不好的解釋，意爲無限制的權力(Furetière, 1690)。路易被視爲一位有絕對權力的君主，因爲他處在王國法律之上，他可以使人免於受此法律的約束。不過，他並未高於上帝的法律，因爲那是自然的法律或所有國家的法律。照理他無權完全控制他臣民的性命。

投石黨運動——於 1652 年失敗——對於官方將以何種方式呈現這位年輕國王及其政府給大眾，有相當影響。舉例來說，在 1654 年，一尊路易腳踏降服戰士(象徵投石黨運動)的雕像放置到巴黎市政廳的庭院之中(圖 14)。同年，在宮廷舉行的一齣芭蕾舞《培雷與忒提斯》(Pelée et Thétis)中，阿波羅(換句話說，就是國王)消滅了一條巨蟒(另一個混亂的象徵)(芭蕾舞劇的作者則是班塞哈德)。羅浮宮的國寓中也置有一系列的繪畫，用來慶祝擊敗投石黨之亂一事。舉例來說，天后朱諾(Juno)雷擊特洛伊城的圖像，顯然是要讓觀看者想起巴黎與皇太后(Menot, 1987)。

政府也試圖藉由 1650 年代的審判會議，展示擊敗投石黨之事，以重新確立君王絕對權力的觀念，表示君王是上帝在世間的代表。正如一位重量級法官塔隆(Omer Talon)在這些會議之中(跪著)向國王說的:「陛下，您的御座對我們來說，便是上帝化身的座位。國

14. 擊敗反叛的象徵。〈征服投石黨人〉，介蘭製，大理石像，1654 年。（Musée Condé, Chantilly）

內各階級的人士尊敬您，就像尊敬可見的上帝化身。」(Hanley, 1983, 特別是 pp.307-21)。

　　1654 年加冕時，以及 1660 年路易正式進入巴黎時，類似的論調又再重演。這些儀式很傳統，但正因為如此，只要有稍微的改變，(至少有一部分的)人們便可察覺到這些改變所蘊含的政治訊息。

加冕

　　由於投石黨運動事件所造成的拖延，路易的加冕禮與塗油禮到 1654 年才舉行。跟以往一樣，典禮於理姆斯(Rheims)大教堂舉行——該地的總主教有權為新國王加冕，但這回是由代理的蘇瓦松(Soissons)主教執行(Haueter, 1975; Jackson, 1984; Le Goff, 1986; Coquault, 1875, pp.279-96, 613-32)。典禮中，國王必須宣誓，承諾維護他臣民的福祉，在場人員也會受到詢問，回答是否接受路易為他們的國王。之後則是對國王標幟的祝禱，包括所謂的「查理曼之劍」，刺馬釘以及史學家戈佛雷(Denys Godefroy)所謂的「該位國王與王國結婚的戒指」(Haueter, 1975, p.197)。

　　接下來便是授任儀式。國王的身體被塗以聖油瓶(Holy Ampulla)內的聖油，裝油的瓶子據說是在聖雷米(St. Rémy)為法國第一位基督教國王克洛維執行洗禮時，一隻鴿子從天堂帶來的。主教把權杖交到國王的右手，把「正義之手」(杖端有手形裝飾的權杖)交到他左手，為他戴上查理曼的王冠。再來便是國內主要的貴族向國王致敬，最後釋放一些鳥兒到天上。

　　外國使節和民眾(後者待在教堂外，比較看不到)也在場觀禮。之後是其他的慶祝活動，包括由理姆斯的耶穌會會員演出一場戲。

那些錯過這些過程的人，可以在一些小册子上讀到相關描述，也可以看到官方指派的藝術家達維賽(Henri d'Avice)所雕刻的加冕情形。由路易十四在位時主要畫家之一勒布朗所設計的掛毯上，也有紀念這一幕的圖樣。

　　對參與者與觀眾來說，這程序的意義，尤其是典禮所賦予國王的形象，並不十分清楚。歷史學家所需要找出來的，不是「實際上發生了什麼」，而是當時的人如何詮釋發生的事。我們不該草率地認為每個人在看待這個程序時的角度都是一樣；相反的，人們對加冕禮似乎有兩種不同的解釋方式。

　　就職與授任典禮基本上源自中古。這種典禮的規則是路易七世訂定的，當時國王並無絕對的權力，而是與貴族共掌大權，國王宣誓以及最高法院同意新統治者的行為，便顯現出這種有限王權。在十八世紀初，強烈支持傳統有限王權的聖西門公爵，仍然以這種方式來詮釋這個典禮。

　　國王周遭的那些人不大可能會認為加冕禮呈現出有限王權的觀念。若是呈現出有限王權，我們便難以明白為何在投石黨事件之後沒多久，政府便舉行這項儀式。有一個次要但卻頗有意思的細節，足以顯示路易十四企圖重新詮釋這項傳統的典禮，即前人都是站著宣誓，路易十四卻是坐著宣誓(Viguerie, 1985)。

　　對於歷史還不夠久遠的波旁王朝來說，加冕禮的意義當然是為了顯示他們的合法性，因為這項儀式使他們得以與自克洛維至聖路易的那些早期君王間建立起聯繫。這典禮也顯示了神聖王權的意象。我們可以說——的確，當代人也這麼說——聖油使路易十四變得與耶穌相似，加冕禮使他變得神聖。

　　路易十四後來在他的回憶錄中(像絕對王權的理論學家那般)宣

稱，授任儀式並非使他成爲國王，而僅是宣布他是國王而已。不過，他補充說，典禮使他的國王身分變得「更威嚴，更不可違抗，並且更爲神聖」(Dreyss, 1860, 1, p.450; cf. the royal letter of 1654, Le Goff, 1986, p.144)。這種神聖可以由一件事實證明。兩天之後，這位年輕的國王第一次執行觸摸病人的儀式(Bloch, 1924)。傳統上人們相信法國國王——跟英國國王一樣——可以藉由觸摸病患，以及「國王觸摸你，上帝治療你」的言語，奇蹟般地治癒皮膚病(scrofula, 編按：係指頸部淋巴腺體腫大流膿的一種結核病)。御觸的治療能力，對國王身分的神聖性是一個有力的象徵。這一次，路易十四觸摸了三千人。他在位期間，還將觸摸更多的人。

國王進城

國王的理姆斯之行，不過是他數次正式訪問城市中的一次。這種訪問經常是以國王進城的凱旋儀式進行，這種儀式可溯源至中古晚期。如我們所知，路易於 1643 年正式進入巴黎，慶祝登基。他於 1649 年與 1652 年再度進入巴黎，表示擊敗投石黨運動。1658 年他正式訪問里昂(Lyons)。不過，最重要的一次國王進城，是 1660 年國王與皇后在王室婚禮後一同進入巴黎(Möseneder, 1983) (圖 4)。

國王進入巴黎，並不是由中央政府贊助的事件。而是由巴黎市長及其市府參事(或市政長官)所負責，由巴黎市正式歡迎國王的行動。不過，中央政府似乎曾監督典禮與裝飾，當代的一些出版物對於這些典禮與裝飾，曾有詳細描述(尤其是 Tronçon, 1662)。

國王於 1660 年 8 月 26 日進城。早上，國王與皇后坐在高壇之上，接受這個城市與其團體(包括大學與最高法院)的「致敬與服從」，

後者列隊經過高壇，代表們向國王致敬，就像在加冕禮時貴族所做的那樣。巴黎市長慎重地把象徵佔有這座城市的鑰匙呈給國王 (Tronçon, 1662, p.9)。另一方面，在這場典禮中，巴黎最高法院主席的分量就較不重要，他只是向國王「深深鞠躬」便繼續走下去。最高法院的角色會較不重要，似乎不教人意外，如一位當時的人所說，這是爲了「彌補」他們在另一個不同的場合——投石黨運動——所扮演的角色 (Möseneder, 1983, p.42)。

進城活動於下午正式舉行，國王與他新娶的皇后在騎兵與車隊的行列中穿過城市，穿過一些大門與拱門，其上的裝飾表示出這場合的重要性。這些裝飾以不同的方式表達和平勝利，紀念法國與西班牙間的庇里牛斯 (Pyrenees) 和平條約——該約於 1659 年簽訂，由於路易十四與腓力四世的女兒瑪麗亞·泰瑞莎 (Maria Theresa) 公主結婚而鞏固。一座大門上方的建築物刻有題銘「敬和平的路易」。另一座則模仿帕爾納索斯山 (Parnassus)，阿波羅與九位繆斯代表藝術與科學，他們因和平而脫離囚困。在新市一座凱旋門上的題銘寫道：「致賜予世界和平的路易」，上面並有赫丘力士 (根據當時的文字評論，也就是路易十四) 帶回橄欖枝的圖樣 (Tronçon, 1662, pp.21-2)。

與後來的慶典相比，這些裝飾有一個相當突出的特徵，它們並未過度頌揚國王。路易不但與他的皇后共享榮耀，也與他的母后安娜，及他的主要大臣馬薩林紅衣主教一起分享。安娜從她的陽臺觀看進城典禮，而她也以雅典娜女神的圖樣出現於一座凱旋門上，提供智慧的建議；在另一座凱旋門上，她則以天后朱諾的形象呈現，在其他地方她則被描繪爲鵜鶘，這種鳥象徵爲子女犧牲的母親。實際爲和平條約奔走的馬薩林則因爲痛風，無法參與進城的活動，但他的空馬車在車隊中還是佔有重要的分量。在某座凱旋門上他化身

爲聰明機智的風神墨丘利(Mercury)，在其他地方則是擎天英雄阿特拉斯(Atlas)，靠他的力量支撐這個世界。有一則拉丁題銘提到他的辛勞。之後，在路易十四在位的這段期間，這麼敬重大臣的行爲是難以想像的。在馬薩林過世之後，人們所見到的路易，是實施個人統治的國王。

在這些表演中路易扮演主角的方式，令當時難得有機會於近距離見到國王(包括大使在內)的那些人印象深刻。他們強調說這位孩童國王已經成熟，威嚴沉著。威尼斯的特使注意到，在 1643 年當路易年僅五歲之時，他很少大笑，也甚少在大眾前活動(Barozzi and Berchet, 1857, 2, p.401)。有可能當時的觀察者只是見到他們想見的東西，誇大了他們以爲他們見到的東西。不管怎樣，他們印象深刻的這個事實，本身便富有意義。

十七世紀的西班牙人，以他們在正式場合行爲莊重而著名，路易十四便是一位西班牙公主——安娜——的兒子。從馬薩林紅衣主教寫給路易十四的信中，可以看出他也曾教導路易十四在公眾場合出現時，所該有的舉止，這包括扮演與僞裝。1652 年時，這位年輕的國王證明他已學會了扮演與僞裝，當路易十四接見投石黨運動的帶頭者雷斯(de Retz)紅衣主教時，他已能夠不露出即將逮捕他的跡象。他當時講的話，顯示他對他的角色相當清楚:「舞臺上不該有人。」(引自 Labatut, 1984, p.43)

路易十四倒是上過真正的舞臺,他上去跳舞。在 1651 至 1659 年間，他在詩人班塞哈德所編寫的九齣宮廷芭蕾中，扮演過一些角色，包括消滅巨蟒的阿波羅，以及上升中的太陽——爲了這個角色，國王戴了一頂燦爛的金色假髮(圖 15)。國王參加宮廷芭蕾不算是什麼

15. 舞臺上的路易。〈路易扮演阿波羅〉，服裝設計者不詳，1654 年。（Cabinet des Estampes, Bibliothèque Nationale, Paris）

特別的事——路易十三便固定會參加宮廷芭蕾——但包括大臣比西-拉布丁在內，有些當代人士已注意到國王的舞技高超。就這樣，他也為自己的形象提供了不少幫助。

在 1650 年代初期與 1660 年間，有關路易十四的視覺形象並不多。1660 年時，他突然以少年老成的形象出現，蓄有剛長出的小鬍子，頭戴一頂短假髮。有人解釋說這頂假髮是因為路易十四在 1658 年生病時，掉了許多頭髮的關係。當時歐洲貴族中瀰漫戴假髮的習俗，我們很難說路易十四創造了這種風潮，還是他不過是遵循這個風潮。不管怎樣，假髮使國王看來身材較高(這正是他所需要的)，讓他較有氣派。從此時起，他每次出現在公眾場合，都一定戴頂假髮。

我們應該將國王形象視為是集體創作的結果。畫家、雕刻家與版畫家都有貢獻。國王的裁縫、他的假髮製造者、他的舞蹈老師也一樣。此外還包括詩人與宮廷芭蕾的舞蹈指揮、負責加冕儀式、國王進城與其他公眾儀式的典禮主持人等等。

皇家戲劇的腳本是誰寫的？就某方面來說，這問題的答案是「傳統」，而非任何一個人；繪畫要有模型，典禮要有前例。不管怎樣，認為這些演出有一位導演，是合理的：這個人便是馬薩林紅衣主教。

馬薩林是 1643 至 1661 年間政府中最風光的人。他教導路易十四政治方面的知識。他也是首要的藝術贊助者，他欣賞諸如尙帕涅(Philippe de Champaigne)與米納爾(Pierre Mignard)等畫家的作品，也欣賞高乃依與班塞哈德等作家的作品。他相當喜歡歌劇，有三齣義大利歌劇便是因為馬薩林的緣故，才得到授權於巴黎上演。這三齣歌劇分別是：羅西(Luigi Rossi)的《奧菲歐》(*Orfeo*, 1647)；卡波利(Carlo Caproli)的《培雷與忒提斯》(*Peleo e Theti*, 1654)，

結合了班塞哈德的芭蕾；卡發利(Francesco Cavalli)的《多情大力士》(*Ercole Amante*, 1660)，其中一主題是爲路易十四婚禮而作。舞台的布景也是由義大利人托雷利(Giacomo Torelli)和維加拉尼(Gasparo Vigarani)所設計。

　　馬薩林是爲藝術而愛藝術，但他也知道藝術的政治功能。1660年的一件插曲，淸楚顯示出他具有這方面的知識。那時這位紅衣主教計畫在羅馬通往三一敎堂的大道上建一座宏偉樓梯，以紀念庇里牛斯和平(Laurain-Portemer, 1968; Lotz, 1969; Marder, 1980)。馬薩林想由貝尼尼負責建築，似乎他也提出了設計。不過，在羅馬的廣場上豎立路易十四雕像，尤其是一個(在沒有敎皇干預的情形下，便達成和平的)和平紀念建築物，會造成不少政治上的尷尬。在這些問題解決之前，馬薩林便已過世。這位紅衣主教的通信，透露出他對藝術的政治功用頗爲關心，特別是關心紀念 1659 年和平的事。但這也顯示他可能有影響到 1660 年國王進入巴黎時慶祝活動的主題，這活動不但慶祝國王與皇后的婚禮，也慶祝和平，慶祝安娜以及紅衣主教本人的功勞。

　　1660 時，國王依然扮演由傳統和馬薩林紅衣主教所賦予他的角色。從 1661 年起，路易十四開始積極參與撰寫(至少是修訂)他自己的腳本。

第四章

系統建造

　　閣下大人，我想還有其他諸多方式足以彰顯與保留君王
的豐功偉業……例如，金字塔、紀功柱、騎馬雕像、巨大
石像、凱旋門、大理石與青銅半身像、浮雕，並在所有的
歷史紀念館中鋪上本國盛產的毛毯，掛上我國的壁畫和版
畫。

——夏普蘭致考爾白，1662 年

　　不管在馬薩林時代有無爲國王製造形象的計畫，在馬薩林過世
之後，這種計畫便有跡可考。當這位紅衣主教於 1661 年 3 月過世之
時，路易十四宣布他打算獨自統治，不再設首相。他要握有「絕對
權力」，換句話說，不與他人分享權力。這當然並不意謂他不需要忠
告或協助。在他的助手當中，最重要的人物是考爾白(Meyer, 1981)。

　　考爾白曾在馬薩林手下做事，後者將他推薦給國王。從 1661 年
起他便是國務會議(Council of State)的一員，從 1664 年起，出任
建築總監。在這些職位上，考爾白負責國王對藝術的贊助，如果路

易十四是奧古斯都，考爾白便是梅森納斯（Maecenas, 編按：奧古斯
都的主要諮詢顧問及藝術贊助者）。考爾白一直都被認為是一位嚴肅勤
奮的人，他謹慎地使用國庫的錢財，不花費在沒有用處的事物上。
不過，我們應該補充說，就考爾白而言，藝術之所以有用，是因為
藝術能為國王增添光采。

　　在馬薩林的時代，國王的贊助行為並不搶眼，因為光芒都被馬
薩林及其助手富凱（Nicholas Fouquet）的贊助行為所掩蓋。高乃依
在他的戲劇《伊底帕斯》（Oedipe, 1659）的序言中，曾經恭維富凱，
說他「不但主管純文學，也主管經濟」。事實上，在 1655 年至 1660
年間，富凱可說取代了國王，成為法國的首要藝術贊助者，他在沃
勒維康特（Vaux-le-Vicomte）建造了一棟富麗的大宅，雇用了許多
才華洋溢的藝術家與作家，包括高乃依、莫里哀和基諾等劇作家，
詩人拉封登、畫家勒布朗、雕刻家安圭耶（Anguier）與吉拉爾東
（Girardon）、建築家勒沃（Le　Vau）與園藝設計者勒諾特爾（Le
Nôtre）(Châtelain, 1905)。

　　考爾白打算再度讓國王成為首要的贊助者（圖 16）。他的官方書
信，尤其是與夏普蘭的書信，顯示他處處為國王的榮耀著想。夏普
蘭是一位詩人，也是一位批評家，他因為寫了一首讚美李希留的頌
詩，而受到後者賞識。當法蘭西學會於 1634 至 1635 年成立之時，
他成為這個學會的一員。1662 年時，由於考爾白的要求，夏普蘭回
了他一份很長的報告，談論應如何使用藝術以「維護國王光耀的成
就」(Chapelain, 1883, 2, p.272f; cf. Collas, 1912, ch. 8; Couton, 1976)。

　　不管這計畫是出自考爾白抑或出自夏普蘭之手，這計畫的野心
都很大。這份報告重點落在文學，尤其是詩、歷史與頌辭，報告中
列舉出當代九十位文藝人士的優缺點，以及他們為國王服務的可能。

16.〈被藝術氣息所環繞的路易十四肖像〉，加尼埃繪，油畫，1672 年。(Château de Versailles)

不過，夏普蘭也談到一些其他媒體與類型：紀念章、掛毯、壁畫、版畫，最後還有各種紀念碑，「例如，金字塔、紀功柱、騎馬雕像、巨大石像、凱旋門、大理石與銅製半身像」。

這些媒體，有許多已被用來頌揚國王，尤其是在 1660 年國王進入巴黎之時。不管怎樣，在路易個人統治初期，以及考爾白擔任國王顧問初期，記載上便已有如此龐大的計畫，實在極為有趣。這計畫在接下來的十年間付諸實施，我們可以見到在這十年間「文化被組織起來」，換句話說，也就是建立了使藝術家、作家，還有學者為國王服務的官方組織體系。

跟在李希留時代一樣，法蘭西學會及其委員會扮演了重要的角

色。該委員會——所謂的「小學會」(Petite Académie)——成立於
1663 年，於 1696 年轉型為題銘學會(Académie des Inscriptions)
(Mesnard, 1857)。其他新設立的機構還包括舞蹈學會(1661)；皇家美
術與雕刻學會, 1648 年成立, 1663 年重組；羅馬法蘭西學會(1666)；
藝術家訓練所；科學院(Académie des Sciences, 1666)；建築學
會(1671)；曇花一現的歌劇學會(1671)，後來改為皇家音樂學會
(1672)；以及流產的表演學會(這學會並未於 1674 年登記成立)
(Thuillier, 1967; Hahn, 1971; Isherwood, 1973)。這些學會都位於巴黎，但在路
易十四統治後期，各省的學會也以法蘭西學會為模範，一一建立。

　　這些學會是由藝術家與作家組成，大都為國王服務。這些學會
也扮演贊助者的角色，交付一些可以光耀國王的作品。舉例來說，
美術與雕刻學會便根據「送審作品」——據猜測是關於「國王史」
——做為接納新成員的標準(Dussieux et al, 1854, 2, p.16)。1663 年時他們
開始舉辦比賽，頒獎給最能再現國王「英勇事蹟」的油畫或雕像。
自從 1671 年起，法蘭西學會舉辦讚美國王的頌辭比賽，每年的題目
都不相同。在路易十四統治末期，有好幾家學會都雇用作曲家，撰
寫歌頌國王的音樂(Grove, 1980)。

　　這個官方體系也包括其他種類的機構。舉例來說，戈布蘭
(Gobelins)國家掛毯工廠(1663 年開始作業)便雇用大約兩百名員
工(包括一些畫家)為國王的宮殿提供陳設品，和著名的「國王史」
掛毯(Gersprach, 1893; Florisoone, 1962)(圖 17)。此外還有 1665 年成立的
《學者報》(*Journal des Savants*)，由皇家出版部門發行，刊有學
者的訃文、實驗報告，尤其是書評(在當時是一種新點子)。這份學
報由為考爾白服務的學者編輯，用以傳播學術世界的消息，同時也
宣揚國王贊助的行為(Morgan, 1929)。1667 年在新任警察總監拉黑尼

17. 藝術贊助者路易。〈拜訪戈布蘭〉，摘自勒布朗「國王史」系列，掛毯，約於 1670 年。
(Collection Mobilier National, Paris)

(La Reynie)的管理下，文學審查制度變得更為嚴格(H. J. Martin, 1969, pp.695ff)。

這些機構代表了什麼意義？它們是否表示政府有一貫的藝術政策？它們只是為了頌揚國王，還是有更大的目標？要回答這些問題，我們必須進一步看看國王對科學與藝術的贊助情形。

在文學方面，夏普蘭的建議深受重視。從 1663 年起，每年都有高達十萬里弗的恩俸發放給一些作家與學者。其中有些是法國人，包括了夏普蘭所稱的「一位名叫拉辛的年輕人」(Chapelain, 1883, p.313)，他是一位詩人。有些則是外國人——荷蘭人、日耳曼人，與義大利人。如同其他的禮物一樣，這些所謂的「報酬」當然是必須回報的。

　　夏普蘭在他寫給考爾白與相關外國學者的信中，把遊戲規則說得相當清楚——有時坦白得敎人吃驚。在牽涉到報酬時，這些規則之間有時會出現相互矛盾之處。不過，由於當時正是一個轉型時期，也就是從國王是完美又慷慨的傳統看法，轉型到國王需要藉由印刷文化來宣傳的觀念，這種報酬上的矛盾遂變得更爲凸顯。

　　一方面，如夏普蘭對義大利詩人格拉齊亞尼(Girolamo Graziani)所說的：「國王之所以致贈優秀人士禮物，只是由於王者風範，而不是要得到稱讚。」(Chapelain, 1883, p.422)這種行爲的重點是——如他所告訴考爾白的——「報酬愈無特殊目的，便愈顯高貴。」(Ibid, p.451)。有一枚紀念章(1666)就是爲了紀念國王對藝術家與作家的慷慨行爲。

　　另一方面，接受報酬的人很清楚要回報什麼。夏普蘭在致荷蘭學者亨休士(Nikolaes Heinsius)的信中寫道：「國王很慷慨，但他知道他在做什麼，他並不想當傻瓜。」(Ibid, p.608)夏普蘭向格拉齊亞尼解釋說：「對皇上的名聲來說，頌揚他的話必須顯得自然，爲了顯得自然，這些頌揚必須在他的權力範圍之外印刷發行。」(Chapelain, 1964, p.28)大多數的受惠者(夏普蘭便是這麼告訴康靈〔Herman Conring〕那位德國律師)「已同意把國王的大名置於」他們作品的「開頭」(Chapelain, 1883, p.384)。其中一位接奉指示「以你能力之內最尊敬最榮耀的用語」撰寫贈予國王的獻詞(Ibid, p.667)。另一位則被通知在他稱讚路易的頌辭中，要插入有關國王打算每週接見臣民的描述(Ibid, p. 509n)。

　　栽培詩人、律師和自然科學家各有不同的理由，但史學家特別受到重視。到此時，任命皇家史官在法國已經變成一個傳統(Ranum, 1980)。不過，考爾白與夏普蘭還是費了很大工夫去尋找負責記錄並頌

揚國王成就的歷史學者。夏普蘭報告上所提到的九十位作者當中，有十八位是歷史研究學者。1662 年時，包括美澤雷（Mézéray）在內，已經有六位官方歷史學者在職。儘管財源有限，夏普蘭還是努力爭取任命阿布朗庫爾的培洛（Nicholas Perrot d'Ablancourt，他以翻譯知名），但未獲成功。考爾白則順利地讓費利比安獲任新職──「國王作品史官」。在這職位上，費利比安根據國王授權的那些繪畫、掛毯、建築與慶典，出版官方的描述(Thuillier, 1983)。

　　政府的贊助也涵蓋了自然科學，我們所知的包括成立科學院、建造天文臺，以及發行科學雜誌。雖然科學院的想法似乎是源自一群學者，我們卻可以從這些事情中輕易看出有考爾白插手的影子(Hahn, 1971, p.8)。學會由考爾白的前圖書館員喀卡維（Pierre de Car-cavy）主持；義大利天文學家卡西尼（Gian-Domenico Cassini）應邀前來法國；學會學報起初是由他的三名手下負責編輯：薩洛（Denis de Sallo，夏普蘭的一位朋友）、布爾蔡（Amable de Bour-zeis，曾經是李希留手下的作家）和加盧瓦（Jean Gallois，之前是考爾白子女的家庭教師）。

　　我們應該注意到，在這段期間，一般國家是鮮少贊助科學的。英國皇家學會（英國科學院）比法國科學院早幾年成立，卻比法國科學院晚兩個月才開始出版《哲學記錄》（*Philosophical Transac-tions*），但儘管冠有「皇家」這個頭銜，英國皇家學會並非由政府資助。然而法國國王則公開與科學研究扯上關係，在 1660 年代末期的一面版畫上記錄了這項關係，圖中路易十四正在拜訪他的學會，身旁環繞各式科學儀器（圖 18）。我們應該補充一下，這次拜訪是虛構的(Hahn, 1971)。

　　為了要讓全世界知道路易十四是一位有文化的人，考爾白開始

18.〈路易十四拜訪科學院〉。勒克萊爾繪,克勞德・佩羅著《動物博物學論文集》卷頭插畫,
1671 年。(British Library, London)

增加國王從他前任所繼承下來的蒐藏：繪畫、雕像、紀念章、手稿、
書籍等等。考爾白的手下查理‧佩羅（Charles Perrault）負責出版一
册册介紹宮廷蒐藏的版畫，藉以宣揚國王的品味及其偉大。考爾白
的另一位手下喀卡維，這位學者負責皇家圖書館。正是基於喀卡維
的提議，考爾白才會試圖（經由夏普蘭與康靈）買下位於沃爾芬比特
爾（Wolfenbüttel）的圖書館，以增加國王的蒐集(Chapelain, 1883. p.
502)。

在藝術方面,大使及政府其他駐外人員（特別是那兩位義大利職
員，駐羅馬的貝內德蒂〔Elpidio Benedetti〕和佛羅倫斯的史特羅
希〔Luigi Strozzi〕)奉指示尋找文藝復興大師的古典雕像與繪畫
等。考爾白的書信詳細記錄他的蒐購方法，包括討價還價；寧取模
型與複製品而不要原作，因爲這樣比較便宜；不願意將寶物賣給法
國國王的個人與機構，將以政治壓力對付之，例如擁有維隆尼斯
（Veronese）所繪最後晚餐的威尼斯塞維（Servi）修道院便是如此。
正如藝術蒐藏有益政治,有時候政治也會爲藝術蒐集而效力(Depping,
1885, no. 1, p.41; Clément, 1868, pp.237, 281, 293, 346)。

當然，只是購買古物是不夠的。路易十四必須——也必須讓人
們見到他——委託專家繪畫，製作雕像。在文學方面考爾白聽從夏
普蘭的建議，在藝術方面，考爾白一般都順隨皇家首席畫家勒布朗
的意見(Jouin, 1889; Thuillier, 1963)。貝尼尼在 1665 年曾會見他二人，他
認爲「考爾白像順從情婦般順從勒布朗的意見，並且完全尊重他的
看法」(引自 Gould, 1981, p.91)。另一位當代人則描述說，「由於考爾白信
任他」，勒布朗遂建立了「繪畫方面的獨裁」(Lefebvre de Venise, 引自
Chantelou, 1889, p.105)。這種說法令一些現代史學家頗感興趣,這些人發
現路易十四的絕對權力與勒布朗在藝術領域的統治，頗有相似之處

(Dilke, 1888, p.141)。這種說法有點誇大，畢竟有些藝術家純為國王工作，與勒布朗毫不相干(Weber, 1985, p.165)。

不管怎樣，勒布朗是一位重要的贊助者，因為勒布朗是皇家美術學會(他於 1648 年協助這機構成立)的主要人物；他也是戈布蘭的負責人，那兒正在進行以掛毯呈現「國王史」的工作；他同時也是負責羅浮宮與凡爾賽宮內部裝潢的藝術家。

與考爾白交情不佳的藝術家，通常得不到他們原本該獲得的委託機會，米納爾在他的贊助人奧地利的安娜過世之後，遭遇便是如此。勒布朗的人馬則多半為國王服務，一帆風順。舉例來說，版畫家愛德林克(Gérard Edelinck)──勒布朗曾參加他的婚禮──成為宮廷版畫家；雕刻家馬澤蘭(Pierre Mazeline)──他的婚禮勒布朗也曾前去觀禮──則在凡爾賽宮工作，並領取國王的俸祿。

在建築方面，考爾白的顧問是查理‧佩羅──在今日，他係以改寫民間故事的成就(如《小紅帽》)，最為知名。在考爾白於 1664 年成為建築總監之時，佩羅擔任建築委員。在他的回憶錄中，佩羅描述考爾白計畫「豎立許多光耀國王的紀念建築物，例如凱旋門、方尖碑、金字塔與陵寢」，這證實了夏普蘭書信所透露的訊息(Perrault, 1909, p.30; Soriano, 1968, pp.266-93)。1665 年，建築師曼薩爾(François Mansart)在聖丹尼(St-Denis)教堂內為皇家設計了一個陵寢，或者更精確來說，是一所殯儀館，而貝尼尼也做過這方面的設計。在方尖碑與金字塔方面，1660 年國王進入巴黎時的裝飾，便包括一座木製方尖碑；1666 年時查理‧佩羅的兄弟，克勞德設計了一座宣揚國王的方尖石碑(圖 19)。凱旋門則將於 1670 年代建造。

考爾白個人對藝術、音樂或文學，並未顯露多少興趣。或許他有意不同於他的前任──李希留、馬薩林和富凱──因而私人贊助

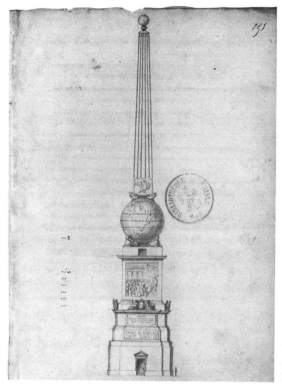

19.〈一座方尖石碑的設
計〉，克勞德·佩羅製，1666
年。(Bibliothèque Nationale,
Paris)

的情形相當有限。他個人的興趣在於學術，而非藝術，受其支助的
學者包括迪康熱(Charles Du Cange)和馬比榮(Jean Mabillon)等
人(Couton, 1976; Maber, 1985)。

　　然而這位表面看來對文學藝術沒興趣的人，在他掌權的二十年
內，爲藝術付出的要比像馬薩林之類爲藝術而藝術的大臣，要來得
更多。考爾白帶來一大堆藝術家與作家爲國王服務。其中一些人，
像是作家布爾蔡、夏普蘭和德馬雷，之前都曾在李希留紅衣主教手
下任事過。其他曾爲馬薩林做過事，包括(舉例來說)詩人班塞哈德、
作曲家坎貝福特(Jean　Cambefort)、作家夏龐蒂埃(François

Charpentier)。而其中最具才華者，則得自富凱，包括勒布朗、勒諾特爾、勒沃與莫里哀。拉辛是經由夏普蘭推介才受到考爾白注意，當 1663 年他開始領取俸祿之時，不過才二十出頭。

當時的政策似乎有意要鼓勵外國人為法王效命。如我們所見，外國學者也領取俸祿。考爾白說服義大利天文學家卡西尼離開波隆那(Bologna)，前來巴黎(他的俸祿是每年 9,000 里弗)。外國藝術家受邀前來法國，於羅浮宮或凡爾賽宮工作。舉例來說，1662 年，在法國大使提出有利的報告之後，瑞士畫家韋爾納(Joseph Werner)便受邀前來巴黎。法蘭德斯的版畫家愛德林克於 1666 年前來。雕刻家博格特(Martin van den Bogaert)的法文譯名德雅爾丹(Desjardins)，便隱藏了他的法蘭德斯血統，他於 1670 年左右來到法國。

考爾白的重要性，在於他認為藝術能為國王更添光耀的看法。他倚賴專家提供具體建議，尤其倚賴夏普蘭、佩羅與勒布朗。不過，負責將國家的贊助事務組織起來的，或者該說是負責將國家的贊助事務科層化的，還是他這位大臣。

在使用「科層化」(bureaucratisation)這個用語時，我並非意謂(在藝術世界與近代初期政治圈中都曾出現的)贊助者—「食客」——捐客關係的傳統，已然走到盡頭(Viala, 1985, pp.69ff; Kettering, 1986)。像勒布朗與莫里哀這類的藝術家與作家，在獲得到國王的俸祿前，是受富凱這位金融家的資助。在國王贊助文學的系統之內，夏普蘭居於捐客的地位。其他捐客也有各自的角色。舉例來說，拉辛是藉由中間人才能讓夏普蘭見到他的詩作。作曲家德圖什(André Destouches)是靠後來的摩納哥(Monaco)王子，才得到國王的注意。這類例子相當多。

不過，在路易十四在位的這段期間，出現了愈來愈多的藝術管

理官員——例如指導員、監督或檢查員。勒布朗是戈布蘭皇家工廠廠長。宮廷芭蕾、建築、題銘、音樂都各有監督人員。有一位建築總監、一位美術監察，甚至還有一位雕刻總監。

藝術科層化的另一部分便是建立專門的學會系統，就藝術來說，這種系統，相當於十七世紀歐洲政府所發展的學院體系。考爾白不僅建立專門學會，他還規範成員的行為，譬如法蘭西學會，成員有固定的工作時間，還有一口有鐘擺的鐘，這口鐘的目的是要確定這些人的時間感，能夠與考爾白所希望的一般精準。

委員會的運用也愈來愈科層化，例如為羅浮宮草擬替代計畫的小團體，或更重要的小學會——小學會起先根本就不是學會，而是「一個處理一切與純文學事務相關的小委員會」(Perrault, 1909, p.31)。

這個委員會的成員(夏普蘭、查理‧佩羅、布爾蔡、卡札格尼〔Cassagnes〕和夏龐蒂埃)每週二、五在考爾白家聚會。他們的工作主要是監督國王公眾形象的製造。文稿要經過他們修改之後才能付梓，這些文稿包括了費利比安和佩羅本人所寫的節慶描述 (Chapelain, 1883, pp.469, 583)。他們檢查掛毯與紀念章的設計，並為其題詞描述。他們同時也花了好幾年的時間，撰寫路易十四在位期間的歷史 (Perrault, 1909, pp.38ff)。我們可以從考爾白組織這群人的行為，看出考爾白有多麼重視形象製造的工作，以及他的宣傳才能有多麼高明。

跟國家行政一樣，國王公眾形象的製造，也是由中央負責組織 (Jacquiot, 1968, p.xx)。贊助者的委員會負責指導一批批的藝術家們。這樣的系統仿若一個有機體——對一個日漸科層化的時代來說，這形容頗為恰當。在頂端的是國王本人，他有時會干預，有時會委託特定的作品，又或在兩個計畫中做一選擇。緊接在路易十四之下的，

便是考爾白，儘管他還有其他事要操心，他還是喜歡掌握一切。然後便是考爾白的手下，特別是其中三位：夏普蘭就文學方面的事提供建議，勒布朗負責繪畫與雕刻，查理·佩羅則負責建築。音樂(包括芭蕾與歌劇)與考爾白無關，由呂里控制。

簡單來說，成立所謂的「頌揚部門」(department of glory)，目的是要有組織地再現國王的形象，說得更精確點，就是把路易十四在位期間的重大事件活靈活現地再現出來,呈現出生動一致的「國王史」。現在我們該把注意力從組織本身轉移到組織所生產出來的作品上。

第五章

自 我 決 斷

在他宏偉的身軀下，我們渺小得微不足道；

他的關懷無處不在；

他的雙手分配慷慨；

是他選擇分配地位與榮耀。

　　　　——高乃依，《奧索》(Othon)第二幕，第四景

　　我們可以說上一章討論的是頌揚路易十四的體系結構，尤其是該架構從 1660 年代初期起的建立情形。本章則將討論從路易十四開始個人統治，到 1667 年權利轉移戰爭(The War of Devolution)爆發期間的國王形象。我們可以稱這段期間為「自我決斷的時代」。在他的老師兼大臣馬薩林過世之後，這位年輕的國王得以親自處理重大的決策。反諷的是，此處的自我決斷其實應該視為一種集體行為，是由國王的顧問與形象製造者共同參與的集體行為。

個人統治的神話

在 1660 年代，這位年輕國王的形象是一位極為關心國家事務與百姓福祉的君主。國王採行個人統治一事，成為一件值得慶祝的事，一件足以視為神話，或者可以戲劇性地稱為「奇蹟」的事。

路易十四最初是在與掌璽大臣的半私人談話中，宣布他打算實施個人統治，當時在場的還有一些祕書與大臣(Wolf, 1968, p.180)。當時官方的《法蘭西公報》並未提到此事。1661 年 3 月 9 日馬薩林逝世之時，《法蘭西公報》報導說：法國教會的代表前去慰問國王，代表團發言人宣稱國王對軍事行動與國家事務，都相當有興致(Gazette, 1661, p.271)。4 月時《法蘭西公報》又提起類似的話題，報導說國王非常注重國家事務，例如各類議事會議。就連談到國王狩獵，報上也把這項活動描述為一種休閒活動，得以讓國王從「驚人勤奮地」國事處理當中，暫時休憩一下(Ibid, pp.332, 403)。

日後在國王回憶錄關於 1661 年的記載中，對這事件有進一步的描述，這部回憶錄是由御前祕書們在 1666 年左右所撰寫的私人備忘錄，根據回憶錄所言，這些記載是教導皇太子如何成為國王的部分教育。文中路易十四解釋說，他已決定「務必不再任命首相」。在一段著名的文字中，路易十四被描述為：「得知所有事情；傾聽我最卑微臣民的心聲；隨時都知道我軍隊的人數與素質，及要塞的狀況；不斷下令滿足他們的需求；受理並閱讀公文；有些我親自答覆，其他的我會告訴我的祕書們要如何回答；訂定我國的收支與開銷。」(Longnon, 1927, pp.44, 49-50)

個人統治一事以各種文字和形象傳達給更多的人。以上所引用

20.〈國王爲一己治國〉，勒布朗繪於天花板，1661 年。(Château de Versailles)

的《法蘭西公報》報導，或許足以讓那些觀看高乃依那齣戲劇——《奧索》——的觀眾，察覺到戲中的一些指涉，該戲於 1664 年在楓丹白露宮首演。這齣戲講述的內容是羅馬皇帝加爾巴(Galba)在位之時，他手下的一位大臣聲稱臣屬對統治者並不重要，統治者並不需倚靠他們，只是分派任務給他們，並賜予酬勞(見本章的題詞)。

官方後來也以視覺形象紀念這個事件。最著名的是勒布朗在凡爾賽宮鏡廳天花板上的油畫，題銘爲:「國王接掌他的領土，全心奉獻於工作。」(圖 20)(Félibien, 1703, p.161)畫中的路易十四掌著舵，表示他現在是國家這艘船的船長。一位代表法國的人物勒死了混亂，美惠三女神(Graces)爲他戴以王冠，婚姻之神則手持羊角，表示豐盛。智慧之神將光榮展示給國王，準備爲他戴冠，勝利之神與名譽之神

隨侍在一旁。天堂諸神都全力協助路易十四(M. G., December 1684, pp.18 -25)。

　　三枚標示有 1661 年的紀念章，對國王的統治提供了更為精確的詮釋(Jacquiot, 1968, pp.144ff)。第一枚的題銘為「國王接掌治理」，並再現國王接掌之後的「秩序與快樂」——1702 年官方評論將秩序與快樂擴大解釋成改革陋習，重振藝術與科學，恢復富裕與繁榮。另兩枚紀念章為這景象增添一些細節。其中一枚的題銘是「國王勤奮議事」，然後又註解說，國王有其他要事，且抱病在身。另一枚的題銘則是「國王平易近人」(*Médailles*, 1702)。

　　題銘、註解，以及回憶錄和《法蘭西公報》用語相似一事，值得重視。第一枚紀念章和回憶錄一樣，再現個人統治代表著「混亂主宰一切」的時期已告結束，秩序恢復的情形即將到來(Longnon, 1927, p.34)。第二枚紀念章則像《公報》一樣，使用「勤奮」這個用語。第三枚與回憶錄一樣，都提到國王平易近人。在再現路易十四的行為時，不同的文本與媒體會有所交集，就當時來說，是很普遍的事，這讓人覺得在表現國王的某些特別層面時，有許多人通力合作。這種看法，可以從夏普蘭給義大利作家德蒂(Dati)的指示中，得到證實，他要德蒂在頌辭中加入關於國王平易近人的敘述(Chapelain, 1883, p.509n)。

競爭

　　1660 年代初期的事件，顯示這位年輕的國王與他的顧問，決心要立即讓國內外的人民，對他留下印象。他們使用的方法是外交與節慶，這兩者在其他媒體中都有詳細報導。

在外交前線，有兩件事顯示政策轉變，一件發生於倫敦，一件發生於羅馬。1661 年，法國大使與西班牙大使因爲優先權的問題發生爭執，並導致雙方人馬在倫敦街上發生佩皮斯(Samuel Pepys)所謂的「爭鬥」。這是一椿很不體面的爭吵事件，令這正式場合(瑞典大使前來覲見查理二世)大爲失色。由於路易十四支持他的代表，西班牙駐法國宮廷代表最後遂爲所發生的事提出道歉。

換句話說，這事件有可能是預謀的，象徵性地表示法國君主高於西班牙君主——路易十四的叔叔兼岳父，腓力四世(Pepys, 1970-83, 2, p.187〔30 September 1661〕; cf. Roosen, 1980)。1662 年法國聲稱教皇的科西嘉(Corsican)守衞侮辱到法國駐羅馬大使，此事更增強了我們以上詮釋的可能性。這回輪到教皇道歉，1664 年時，齊吉(Chigi)樞機主教代表教皇提出道歉。

這兩次外交勝利都有圖像表示。有兩幅勒布朗設計的掛毯描繪了教皇與西班牙國王正式道歉的情形(圖 21)。勒布朗爲鏡廳所做的設計，也重複了這個主題，題銘爲「西班牙承認法國擁有優先權與科西嘉人爲犯錯致歉」。西班牙的道歉事件也以浮雕方式出現在凡爾賽宮的使節大梯上，這顯然是一種警告。西班牙被描述爲一位女人，「撕扯她的衣服，象徵這國家胸懷怨恨。」(Gersprach, 1893, pp.62f; Félibien, 1703, pp.103, 166; M. G., September 1680, p.298)荷蘭學者亨休士爲科西嘉守衞事件寫了一則拉丁題銘，因而得到報酬。另外，官方也打造紀念章來紀念這個事件，連在羅馬建造(後來摧毀了)的那個記錄科西嘉事件的金字塔，也上了紀念章(Médailles, 1723, nos 69, 78, 79; Menestrier, 1689, p. 2. 8. 15, 16. 21; Jacquiot, 1968, pp.158ff)。

收復敦克爾克——1662 年購自查理二世——也被當做一次重要的勝利來慶祝。考爾白要夏普蘭請佩羅就此事撰文(Soriano, 1968, p.

21. 宣傳用的掛毯。〈腓力四世與路易十四的會面〉，摘自勒布朗「國王史」系列，掛毯，約於 1670 年。(Collection Mobilier National, Paris)

101)。勒布朗繪了一幅國王騎馬像，背景是新收復的這座城市 (Magalotti, 1968, pp.157-8)。皇家美術學會首次舉辦的競賽，也是以敦克 爾克為主題(Montaiglon, 1875-8, 1, pp.220-4)。

壯麗

另一項用來製造歐洲人印象的方法，就沒有那般粗暴。儀式、 藝術與建築都可以被視為肯定自我的工具，也是另一種延續戰爭與 外交的方式。路易十四在位時期，官方十分強調國王偉大慷慨的形

象。這角色就像他在政治與軍事方面的角色一般，得到神話式的處理。一位路易十四的官方藝術家在向皇家美術學會演說時，表示路易十四「培養或塑造了他在位期間的大部分傑出人士，這些人爲他的統治更添光采」(A. Coypel, in Jouin, 1883, p.257)。

這時期的其它事件，包括學會的成立、獎賞文學家等事件，稍後也打造紀念章慶祝。

路易十四在位時的重要表演之一，便是1662年在杜伊勒利宮(Tuileries)前廣場的騎兵競技表演。騎兵競技表演是一種騎馬競賽，包括場中競逐，以及中古常見的一些技藝表演。這類活動在文藝復興後期轉化成一種馬上芭蕾。路易十四在馬上以「羅馬皇帝」姿態出現，與他在舞臺上的角色類似，差別是這回觀眾比較多。貴族分成五隊，身著奇妙的服裝，代表羅馬、波斯、土耳其、印度與美洲。每位競爭者的盾牌上都有各自的圖案，國王的盾徽是一個太陽，題銘爲「我看見，我征服」。國王在競賽中是眞的表現精采，這次事件記錄在一本漂亮的對開版畫册中，上面還有佩羅寫的說明(圖22)。國王的回憶錄中強調了這件事的政治意義——路易十四在位時期第一次壯麗恢弘的娛樂活動(Perrault, 1670a; Longnon, 1927, pp.132ff)。

這十年間最重要的藝術計畫，當然要推重建羅浮宮與凡爾賽宮。羅浮宮是一座中古宮殿，於法蘭西斯一世在位時，以文藝復興風格重建。就十七世紀的宮廷而言，這地方過於窄小，不符所需，1661年的大火摧燬了宮殿的一部分，又使重建工作更爲迫切。法國宮廷決定建一座新的宮殿，並把設計工作交給幾位知名的建築家，有義大利人也有法國人：勒沃、曼薩爾、克勞德・佩羅、拉諾第(Carlo Rainaldi)與貝尼尼——他曾經得到馬薩林紅衣主教的賞識(Gould, 1981, p.7)。

22.〈羅馬皇帝路易十四〉，摘自查理‧佩羅《慶祝進入首都》一書，1670 年。(British Library, London)

1665 年貝尼尼受邀前來法國。這事頗有意思，貝尼尼受邀，有可能是因為馬薩林對他的作品感興趣，也可能是為了藉由剝奪教皇手下最能幹的藝術家，以進一步侮辱教皇亞歷山大七世。貝尼尼初抵之時受到極高禮遇，也令國王頗為高興，但他與考爾白和查理‧佩羅不合，他們批評他的設計不夠好，因而未得到任用，不過他還是製作出著名的路易十四半身像(Lavin, 1987)。

考爾白(或他的親信佩羅)提出備忘錄，指責貝尼尼的計畫不實際，不適於法國，對安全不夠關心，簡言之，只有好看的門面，「就國王的舒適而言，設計極差」，花費一千萬法郎之後，國王還是會像以前一樣侷促(Clément, 1868, no. 19; cf. nos 20-21; Perrault, 1909, pp.77f)。至於貝尼尼，他酸溜溜地抱怨說法國政府只關心「廁所與水管」。

最後獲得官方同意的羅浮宮建築計畫，是由一個小委員會提出的，成員包括有勒布朗、勒沃與克勞德‧佩羅。官方打造了一些紀念章紀念這計畫的執行(Menestrier, 1689. nos 23, 24, 26)。不過，國王並不

22-1 〈羅馬皇帝路易十四〉，摘自查理‧佩羅《慶祝進入首都》一書，1670 年。(British Library, London)

常待在這座宮殿之中。這座宮殿反而成為這些形象製造者的總部。一些傑出的藝術家獲許住進羅浮宮，並在此工作。舉例來說，吉拉爾東於 1667 年搬進去。法蘭西學會也獲配予羅浮宮內的一些房間，也曾有一枚紀念章是用來紀念此事(Jacquiot, 1968, pp.244ff)。國王與考爾白之間關於此事的通信頗為有趣。考爾白建議說，羅浮宮比較「配得上」學會的人，但皇家圖書館會比較舒服。跟在談論貝尼尼的計畫時一樣，考爾白還是就實際考量。不過，儘管對學會的人來說，可能會有不便，路易十四還是選擇羅浮宮(Louis XIV, 1806, p.496, May 1672)。

這時國王已經把他的注意轉移到凡爾賽宮，凡爾賽宮在當時只不過是一座小城堡，是 1624 年時路易十三建造的。在路易十四實施個人統治後不久，路易十四便任命勒沃擴建城堡，任命勒諾特爾設計花園，考爾白反對浪費金錢在「這座房子」上，因為這房子「只對陛下的舒適與娛樂，而非陛下的榮耀，有所幫助」(Clément, 1868, no. 24; cf. no. 23)。

對於後世那些慣於把太陽王的榮耀與凡爾賽宮聯想在一起的人來說，這些話聽來頗為奇怪。我們應該就此認為這位年輕的國王比他的大臣更具政治感，更具敏銳的宣傳意識嗎？很可能在路易十四在位的這個時期，他的確有想到個人的娛樂，想要有一個舉辦慶典的場所，可以有個與拉瓦利埃(La Vallière)夫人會面的隱密所在，他跟考爾白都沒料到在四十二年的建造與改建過程中，凡爾賽宮會變成什麼(Walton, 1986, ch. 5)。

這位年輕國王與這位中年大臣間的這場著名衝突，令後人產生了一個重要的疑惑。是誰在做決定？就羅浮宮而言，考爾白的意見獲得採納。從委員會所提出的選擇中，國王親自選定最後計畫(Perrault, 1909, p.120）。不過，我們也知道路易十四對貝尼尼的第二個計畫印象深刻(Gould, 1981, pp.19, 39; cf. Chantelou, 1889)。考爾白似乎說服了路易十四，而貝尼尼也明白問題出在哪裡。他有一回說，要是他留在法國，「他會要求國王在有關建築的問題上，只問自己心中的想法。」(Chantelou, 1889, p.104)路易把壯麗看得比舒適更爲重要。

　　若說羅浮宮是考爾白佔了上風，凡爾賽宮則是路易十四佔了上風。就音樂、舞蹈與表演來說，國王的品味最爲重要。在 1660 年代，路易十四繼續參加宮廷芭蕾，他扮演亞歷山大大帝、波斯國王居魯士，以及具有騎士風度的英雄羅傑(Roger)。1661 年舞蹈學會設立，這相當符合他個人興趣，同年他任命呂里爲他的室內樂監督也是如此。宮廷慶典的組織由相當受國王欣賞的貴族聖阿格南公爵(duc de Saint-Aignan)負責，國王參與這些表演的情形，也廣爲人知。

　　舉例來說，路易十四從塔索(Tasso, 編按：十六世紀下半葉義大利最重要的詩人)的作品中，爲 1664 年的《魔島的快樂》(*Plaisirs de l'Ile Enchantée*)選出主題，後來基諾的《阿瑪迪斯》(*Amadis*)也是如此(M. G., January 1684, p.326)。莫里哀聲稱他的戲劇《麻煩的事》(*Les fâcheux*, 1661)中，有一個角色便是出於路易十四的構想，路易十四也爲《慷慨的情人》(*Les amants magnifiques*, 1670)建議情節。

　　這時期國王似乎對圖書館與他的雕像不太有興趣。這些壯麗的形式不過是他官方人格的一部分(Jammes, 1965; Schnapper, 1988)。但在另一方面，他對繪畫則相當感興趣，至少對某些繪畫來說是如此，例如戰爭畫。1669 年時，他在聖水盆前舉起法蘭德斯戰爭畫家莫朗的初生兒子，讓這位畫家備感光榮(Hartle, 1957; cf. Grell and Michel, 1988)。

　　眾人皆知國王對勒布朗所繪的亞歷山大油畫，極感興趣。不管

是拉辛令勒布朗想到亞歷山大，還是勒布朗令拉辛想到他，光是這兩位畫家與劇作家都選擇亞歷山大的這個事實——遑論班塞哈德在1665年所製作的芭蕾也是同一主題——便是對年輕路易十四的一種致敬行為，表示他與另一位偉大的征服者相當類似。

第六章

勝利的年代

就如同勝利與光榮之神，因能爲仁慈君主頭頂的光環增
輝而雀躍不已。

——《法蘭西公報》，1672 年

在 1662 至 1664 年的外交攻勢之後，路易十四自然會選擇邁向
榮耀的皇家大道，也就是成功的對外戰爭。他所進行的戰爭最初的
確很成功，此即 1667 至 1668 年的權利轉移戰爭，與——至少在初
期——1672 至 1678 年的荷蘭戰爭。本章將討論路易十四在這些年
間的勝利英雄形象。又以其中一件著名的事件爲重點，也就是 1672
年進犯荷蘭共和國，尤其是國王的軍隊越過萊茵河之事。

權利轉移戰爭

路易十四聲稱，他發動權利轉移戰爭的目的，是要執行在他岳
父腓力四世於 1665 年過世之後，他透過妻子瑪麗亞・泰瑞莎對西屬

尼德蘭所握有的主權。法國首先發出為路易十四製造良好形象的小冊子，表示他只是要爭回他所該擁有的權利。赫爾姆斯泰德(Helmstedt)大學的法律教授康靈——也是定期領取報酬的外國學者之一——主動撰文支持路易十四(Chapelain, 1883, p.279; cf. Collas, 1912, pp.433ff)。皇家出版部門印行了一篇匿名的法文論文，談論「最虔信基督的皇后對西班牙王國各屬地的權利」。這篇文章是一群由布爾蔡——小學會的一員——所領導的人所撰寫的，經夏普蘭與查理‧佩羅校改，並很快便譯成拉丁文、西班牙文與德文(Collas, 1912, p.435)。

索雷爾(Charles Sorel)和奧布雷(Antoine Aubéry)也撰文支持國王的聲明。索雷爾是皇家史官(之前曾擔任律師助手)，他發表論文，談論法國國王的權利；奧布雷是巴黎最高法院內的國王支持者，他發表了《法國國王對神聖羅馬帝國的一些合理權利》。雖然在日耳曼的諸侯提出抗議時，法國禁止了這本小冊子，作者也被關入巴士底獄，但很可能這本小冊子是官方授意撰寫的(Aubéry, 1668)。

在這些小冊子的議論發表之後數週，法國軍隊便進犯西屬尼德蘭。在這場戰役中，國王扮演了突出的角色。路易十四依據傳統，親身統率大軍。跟傳統不符的是，路易十四把他的宮廷也帶來了，其中包括皇后與兩位嬪妃：拉瓦利埃公爵夫人與蒙特斯龐(Montespan)侯爵夫人。

有兩位藝術家也受邀隨行，或許是為了要使「國王史」更符合真實。一位是勒布朗，另一位則是莫朗，他不久前才被任命為宮廷畫家。如他的名字所顯示，莫朗是一位法蘭德斯人，也就是說他所參與的是進攻他祖國的侵略行動。

從這兩位藝術家的油畫來看，以及從紀念章、詩歌、版畫、掛毯，和當代史書的描述來看，這場戰爭的主要事件，是圍攻道埃

(Douai)(圖 23)、里耳、奧德納爾德(Oudenarde)與土爾納(Tour-nai)，以及在布魯日(Bruges)附近的勝仗。1668 年在艾克斯拉沙佩勒(Aix-la-Chapelle)達成和平，法軍佔領的弗朗什孔泰(圖 24)歸還給西班牙，而里耳則納入法國版圖。戰爭結束時在凡爾賽宮舉行慶祝活動，勒沃、維加拉尼(Carlo Vigarani)、呂里和莫里哀都有參與，法國駐梅因斯(Mainz)大使也提供了一齣名為「最近的和平」(Pax nuperrime) 的表演(Félibien, 1688, pp.197-270)。

這場戰爭的慶祝活動，包括一些比較永久的呈現形式。皇家美術學會宣布以「路易帶給歐洲和平」為主題，舉辦繪畫比賽。莫朗畫了國王出現在奧德納爾德、阿拉斯(Arras)、里耳與杜耳(Dôle)等地的油畫。這四幅畫都刻成版畫，以方便流傳，夏普蘭則編輯了與這些版畫相關的文章(Maumené and d'Harcourt, 1932, nos 237-40; Collas, 1912, p.373)。勒布朗所設計的一系列與路易十四在位諸事件相關的掛毯，挑選了這場戰爭中的五個事件——圍攻道埃(一枚砲彈差點擊中站在壕溝內的國王)與土爾納(畫中的路易十四把頭伸出胸牆)，佔領里耳與杜耳，以及布魯日附近的會戰(Gersprach, 1893, pp.62ff)。

在路易十四在位後期的紀念章中，有紀念戰爭的、紀念和平的、紀念征服弗朗什孔泰的、紀念歸還該地給西班牙的、紀念佔領七座城市的，這七座城市是：土爾納、道埃、古特勒(Courtrai)、奧德納爾德、里耳、柏桑松與杜耳。圍攻道埃的紀念章，與掛毯一樣，呈現路易人在壕溝中的情形，題銘指出他在這場戰役中的角色：國王是指揮官，也是士兵(Médailles, 1723, nos 97-107)。

國王的形象，是一位凡事都親自參與的人，這個現象，值得注意。我們可能會懷疑說，屠雲尼，那位才華出眾又經驗豐富的將領，才是真正的指揮官，但在官方描述中，他只負責執行國王的命令。

23. 戰壕中的路易十四。〈圍攻道埃，1667 年〉，莫朗繪，版畫，約於 1672 年。(Anne S. K. Brown Military Collection, Brown University Library, Providence, R. I.)

24. 征服者路易。〈征服弗朗什孔泰〉，查理‧賽門諾繪，版畫，仿勒布朗，約於 1680 年。(British Library, London)

25.〈路易大帝〉, 瓦蘭製, 紀念章, 1671 年。(Cabinet des Médailles, Bibliothèque Nationale, Paris)

在一封私人的信函裡, 夏普蘭描述孔代爲這次征服的「主要工具」。不過, 夏普蘭在他的公開詩作中, 還是把征服弗朗什孔泰的榮耀, 歸諸於國王(Chapelain, 1883, p.635)。之後有關其他戰役的勝利描述, 也是一本這種模式。我們可以根據頌辭的傳統解釋此事, 也可以認爲這是因爲國王不喜歡與別人分享榮耀。

在這些勝利之後, 國王開始被描述爲「路易大帝」。這個形容詞第一次似乎是出現在 1671 年由巴黎市打造的紀念章題銘上(圖25), 該紀念章是爲了對國王表示崇敬(Blondel, 1698, 4, 12, 3, p.608; Brice, 1698, 1, pp.345-6)。之後計畫於巴黎興建的凱旋門, 還有其他的紀念章, 很快便依循這個例子, 尊崇「路易大帝」。查理・佩羅在他的回憶錄中記錄說:「在征服法蘭德斯與弗朗什孔泰之後, 考爾白提議建造一

凱旋門，以向國王致敬。」(Perrault, 1909, p.101)查理·佩羅的兄弟克勞德提出設計藍圖，國王於 1670 年對草圖表示贊同。

　　御座廣場(Place du Trône)上的凱旋門動工了，但沒有完成。考爾白在備忘錄中把這座凱旋門與(1671 年開啓的)天文臺拉上關聯，好像這也是向國王致敬的紀念建築物，備忘錄中說：「征服地球的凱旋門，征服宇宙的天文臺。」(Clément, 1868, 5, p.288)大約就是在這時候，即 1668 年，國王決定在凡爾賽建造一座全新的城堡，他任命勒沃負責此事。跟凱旋門一樣，凡爾賽宮內由勒沃設計的正面大樓梯，也計畫要「在這位偉大的君主光榮勝利歸來之時，用來迎接他」(Félibien, 1680, p.4; Walton, 1986, ch.6)。

　　詩人與史學家也投注心力，爲國王增光。舉例來說，夏普蘭寫了些關於進攻法蘭德斯、征服弗朗什孔泰，與圍攻馬斯垂克(Maastricht)的十四行詩(Collas, 1912, pp.397-8)。某部每日報導記下了「國王戰役」的逐日發展，文中有許多詩作是爲法國對尼德蘭的權利辯護，也提到國王「驚人的智慧」，「超過過去幾百年來最偉大的政治家」(Dalicourt, 1668, p.43)。年屆七十三歲的德馬雷，年輕時都在頌揚路易十三與李希留，而今也寫了一首頌揚弗朗什孔泰戰役的詩；高乃依則稱國王「自法蘭德斯歸之來時」，是一位「偉大的征服者」，「掛滿桂冠」，他稱讚國王「偉大的行動」與其「威嚴」，並說國王征服的速度太快，讓詩人來不及提筆爲他歌頌(Corneille, 1987, pp.705-7)。高乃依也將耶穌會會員拉許讚頌 1667 年勝利的拉丁詩，譯爲法文，將國王在這場戰役中的角色，比成聖路易在十字軍東征時的角色，他也再次提到國王前往戰壕一事(Corneille, 1987, p.716)。

荷蘭戰爭

在權利轉移戰爭時，路易帶藝術家同行；在荷蘭戰爭中，他則帶史學家隨行。1677 年佩里森以官方史家的身分待在法蘭德斯，1678 年布瓦洛與拉辛取代了他的位置。可能有人會認為在慶祝權利轉移戰爭時，藝術家與作家已經傾注全力，因而，當他們在頌揚 1672 至 1678 年的荷蘭戰爭時，他們已無新意。再現第二次戰爭(包括第二次佔領弗朗什孔泰)的作品，的確有許多與第一次戰爭之時相類似，尤其是頌詩與戰爭畫這類陳腔濫調，更是多得不得了。不過至少有一件插曲——1672 年越過萊茵河行動——讓詩人與畫家有了創新的機會，他們也立刻把握住這個機會。我也一樣會掌握這個機會，特別詳細討論有關這事件的形象描述。

夏普蘭對榮耀國王的最後貢獻之一，便是協助官方宣傳如何詮釋這場戰爭。在給康靈的信中，他堅持說國王對荷蘭發動戰爭，只是要顯示這個國家忘恩負義。在他獻給考爾白的一首十四行詩中，他讓擬人化的國家，為她的「驕傲」、「無禮」和「不忠」哀悼。他也發掘了一位名叫弗里斯曼(Frischmann)的人——這個人寫了一首關於戰爭的拉丁詩——將他推薦給考爾白，理由是如果能讓一位日耳曼作者頌揚路易十四的勝利，並為他的行為辯護，「對陛下會有好處」(Chapelain, 1883, pp.783, 786-7)。

有關這場戰爭的起源，我們可以從 1677 年(與布瓦洛一起)被任命為皇家史官的拉辛那兒，得到概略性的官方敘述。這職位並不是個閒差，尤其是在戰時，有好些年拉辛都把注意力轉離舞臺，專注於製作國王的「歷史頌辭」，並敘述國王在 1672 至 1678 年間的勝利

(Racine, 1951-2, 2, pp.207-38; 較公正的評價可參考 Wolf, 1968, chs 16-18)。根據拉辛的講法，路易早已證明他自己「不但是一位傑出的首領，也是一位偉大的政治家」，並不需要進行另一場戰爭。「他的臣民尊敬他，敵人畏懼他，全世界都景仰他，除了在和平中享受他紮實建立的名聲之外，他似乎無事可做，這時荷蘭卻提供他表現自己傑出能力的新機會，開啓大門，讓他創造永世不會磨滅的記憶。」(Racine, 1951-2, 2, p. 207)

荷蘭的「無禮」冒犯了路易十四(高乃依在 1672 年的一首詩中，稱荷蘭人民為「這些無禮的巴塔維人〔Batave〕」)。根據拉辛所言，這個國家「與法國的敵人聯合」，壓迫天主教徒，與法國競爭貿易，「並吹噓說靠她自己的力量，已足以牽制國王的勝利」。路易決定「處罰」荷蘭，遂親自領軍，放棄宮廷的舒適，暴露於戰爭的危險與疲累中。法國曾有一天之內，連下四座要塞(萊茵伯格〔Rheinberg〕、威塞爾〔Wesel〕、布里克〔Burick〕和奧索伊〔Orsoy〕)的紀錄，一枚紀念章紀念了這個事件，紀念章上的勝利女神不像以前那般手持一個桂冠花環，而是四個桂冠花環。法軍進攻成為「一項不朽的勝利」，其中最著名的插曲便是越過萊茵河。

報紙當然報導了這個事件。《法蘭西公報》發行特刊，以比較接近頌辭，而非它平常的簡潔表達方式，報導「這位傑出君主」的「光榮行為」，指出國王「並未保護他自己」，只是像「部隊中最低階的軍官和士兵一般」，還說「沒有什麼事超出他的理解能力之外」。就像在描述國王的一幅油畫或一尊雕像那般，《公報》評論說：「看勝利與光榮多麼樂於把她們的王冠戴到這麼一位有偉大心靈的君王頭上。」(Gazette, 1672, pp.560, 562, 564, 572, 615)

至於已被稱為「越過萊茵河的著名事件」，報紙將其描述為這是

連凱撒本人也比不上的成就，因爲凱撒使用橋樑，而路易「比凱撒更能解決一切困難」，並未倚賴這些機械，便克服了他前進的阻礙——法軍游泳過河。《公報》的另一期特刊刊登了國王歸國的慶祝活動，巴黎聖母院頌唱讚美詩，在杜伊勒利宮有煙火慶祝，還有「發光的圖像」呈現出阿波羅、勝利女神以及在正義之手「束縛之下」的荷蘭，顯示正義是國王所有功蹟的「唯一目標」(Ibid., pp.684, 849-60)。

詩人們——高乃依、布瓦洛、弗烈雪、菲雷蒂埃(Furetière)、紀涅(Genest)等等——很快便寫詩頌揚這些成就。高乃依提到說像阿爾巴(Alba)和法爾內塞(Farnese)這類西班牙指揮官是無法跟隨荷蘭人越過萊茵河，他筆下的國王聲稱說法國人有必要凌駕羅馬人的成就。他提到一些泳者的名字，但他告訴路易這些人之所以如此勇敢，只是因爲有「您在場的關係」(Corneille, 1987, pp.1155-65)。詩中的生動描述還包括了河流被國王的偉業「驚嚇」。布瓦洛的〈第四封信〉(Fourth Epistle)及紀涅以同一主題所寫的頌詩，也都提到河神顫抖(Boileau, 1969, pp.45-9; Genest, 1672)。

詩人之後便輪到藝術家。皇家美術與雕刻學會以「越過萊茵河」爲 1672 年的競賽主題(Jouin, 1883, pp.108-12)。在凡爾賽宮——當時正改建成「太陽的宮殿」——1670 年代與 1680 年代的裝飾計畫中，便包含了國王的這項事蹟(Guillou, 1963; Néraudau, 1986; Walton, 1986)。於 1680 年完成但在十八世紀受到摧毀的那座著名的凡爾賽宮「使節樓梯」，在其中一面浮雕之上，「國王下令攻打敵人。空中飛翔著好戰的英勇之神。以老年姿態出現的萊茵河，則做出心中恐懼的姿勢。」(M. G., September 1680, pp.294-5)

在 1680 年代，勒布朗於凡爾賽宮的鏡廳繪下九幅對荷戰爭的油畫，其中有一幅是路易坐在戰車之上，手持雷電，護衛他越過萊茵

河的諸神包括雅典娜、赫丘力士以及擬人化的光榮與勝利(圖 26)。
勒布朗在畫中也描述河神「被恐懼攫住」，就像在高乃依與布瓦洛的
詩中那樣(Dussieux et al., 1854, p.40; Nivelon〔n. d.〕,f. 327a)。當時有一則關
於凡爾賽宮裝飾的著名描述，這段描述並不會讓讀者注意到形象，
而是注意到渡河這件事，「一件這麼勇敢，這麼令人吃驚，這麼教人
懷念的行為，是史無前例的」，這段描述也讓讀者注意到路易的「無
畏」及「其勇氣所散發的光芒」(Félibien, 1703, p.102)。

　　在當時有許多關於渡河的描述，勒布朗的描述只是其中最為知
名的。雕刻家安圭耶以寓言形式再現這個事件，荷蘭是一位女人，
騎在一頭「露出害怕」姿態的獅子上(Dussieux, 1854, 1,p.448)。畫家派洛
瑟(Joseph Parrocel)為馬利堡的畫廊繪製了有關這一幕的油畫，由
於「國王覺得這幅畫相當令他欣賞，遂把這畫掛在凡爾賽宮的會議
室中」(Ibid, 2, p.43)。莫朗也為這事件提供了值得懷念的描述(圖 27)。
當時也打造了一系列的紀念章以紀念 1672 年的事件,具體呈現了擊
敗荷蘭，佔領他們的城市，當然還有渡過萊茵河等事件。宮廷藝術
家必定已對有翅膀的勝利女神感到厭倦(*Médailles*, 1723,　nos 119-27; Jac-
quiot, 1968, pp.264f)。

　　在戰爭後期的官方描述中，依然維持著勝利的氣氛，比較值得
注意的是 1673 年十三天內拿下馬斯垂克要塞，以及 1674 年二度拿
下弗朗什孔泰之事。米納爾畫了一幅路易騎在馬上的畫，背景是佔
領的要塞(圖 28)，這幅畫相當出名。德馬雷為這畫寫了一首頌詩，
聲稱路易十四不但已超越法爾內塞和奧倫治親王(Prince　of
Orange)，甚至也凌駕龐培(Pompey)和亞歷山大。老德馬雷與菲雷
蒂埃(以小說與字典為一般人所知)也以詩作歌頌二度拿下弗朗什孔
泰之事(Desmarets, 1673, 1674; Furetière, 1674)。

　　爲了慶祝這次勝利，在國王返國之後，於 1674 年 7 至 8 月，在凡爾賽宮舉行了一次盛大慶典。在慶典的第五天，我們可以看到各種用來再現國王勝利的物品，包括戰利品，越過萊茵河的金色浮雕，還有一個「神祕的」裝飾，換句話說，就是一個視覺上的謎，其中有赫丘力士(象徵「陛下無敵的力量和他事蹟的光芒」)、雅典娜女神(代表國王的智慧)，當然還有一個太陽，加上一個表示路易光榮的方尖碑(Félibien, 1674, pp.71f)。

　　在巴黎的聖馬丁凱旋門上，尚有更具永恆性的慶祝形式(圖29)，門上面的題銘——在交通繁忙時，仍然看得見——爲「致路易大帝」，飾有浮雕，顯示國王頭戴桂冠，接受致敬(圖 30)。頗有意思的是，這是一系列凱旋門中的第五座。位於御座廣場的凱旋門似乎是自羅馬以來，第一座長久矗立的凱旋門，不過隨後在聖安東尼、聖丹尼、聖伯納(Saint Bernard)和聖馬丁四處也都豎起了凱旋門，以取代舊有的大門(Petzet, 1982)。

　　在這片讚譽聲中，我們可以察覺到一些忠告，這些忠告委婉地向國王建議說，他的功績已經足夠輝煌，該是讓大家休息一下的時候(Desmarets, 1673, p.7)。不過，戰爭還是繼續進行。紀念 1676 與 1677年戰役的諸多紀念章，紀念爲馬斯垂克解圍、佔領瓦倫辛(Valenciennes)、康布萊與聖土美(St. Omer)，還有紀念卡塞爾(Cassel)的勝利。詩人塔萊曼(Paul Tallemant)、布瓦洛，特別是高乃依(「只要路易出現，你們的城牆便會倒塌」)都曾撰詩紀念這些事件(Corneille, 1987, pp.1309f, 1317f; Médailles, 1723, no. 156, pp.159-62)。慶祝活動在 1678年達到高潮，那一年讚美詩頌唱了五次——爲了佔領伊普爾(Ypres)、普塞達(Puigcerda)，尤其是根特(Ghent)(六天被拿下)，還有爲了在奈美根(Nijmegen)簽署的和平條約。

26.〈橫渡萊茵〉，勒布朗繪於天花板，約於 1678-86 年。(Château de Versailles)

27.〈橫渡萊茵〉，莫朗繪，油畫，約於 1672 年。(Musée des Beaux-Arts, Caen)

28．勝利的路易。〈路易佔領馬斯垂克〉，米納爾繪，油畫，1673 年。（Pinacoteca, Turin）

29.〈聖馬丁凱旋門〉，佩雷爾繪，版畫，約於 1674 年。(British Library, London)

30.〈路易接受致敬〉，聖馬丁凱旋門上之三角壁浮雕，1674 年。

31. 休息中的征服者。〈路易於奈美根和平後休息〉，夸佩爾繪，油畫，1681 年。(Musée Fabre, Montpellier)

不管在短暫的權利轉移戰爭當中，官方有沒有眞實呈現戰果，但在荷蘭戰爭時，官方敍述與事實間的差距，是難以掩飾的。在 1672 年，渡過萊茵河後十天，荷蘭人開啓堤防，水淹國土，使法國軍隊無法在被水淹沒的領土內作戰。路易只得掉轉回國，並沒有獲得決定性的勝利。1673 年，在佔領馬斯垂克之後，法軍撤離荷蘭(Wolf, 1968, pp.287f, 304f)。1674 年戰區轉移至弗朗什孔泰，這等於承認荷蘭軍隊的抵抗能力。1678 年同意奈美根和談的妥協行爲也是如此(英國與西班牙、荷蘭成立三國聯盟這個事實，是促成法國妥協的原因之一)。

　　不過，在官方敍述中，沒有什麼困難是路易無法克服的。在少

數提到(或許這麼做是頗為笨拙)水淹荷蘭的敍述中，德馬雷說是國王——而非敵人——打開「堤防與柵欄」(Desmarets, 1674, p.2)。

　　根據高乃依的描述是國王提出賜予荷蘭人和平的條件，而非接受妥協。「您才剛開口，和平便到來了，讓整個宇宙都相信您無比的力量。」(Corneille, 1987, p.1306)1679年便是以這樣的心情慶祝和平，《雅致信使報》刊登詩文慶祝，在戈布蘭有芭蕾表演，在土魯斯(Toulouse)則有慶典等等。這些慶祝活動都僅呈現國王的優點，而略去其缺點，呈現他的「節制」、他的「善良」、他的賜予歐洲「和平」(M. G., March 1679, passim; September 1679, pp.2, 5, 9; November 1682, p.106)(圖31)。

　　高乃依輕蔑地將三國聯盟描述為一個「陰謀」或一場「叛變」(好像這三個國家是法國國王的屬國)，這顯示出他其實明白實際的狀況(Corneille, 1987, p.1325)。文中也出現太多國王踐踏三頭地府門犬的形象。到了路易十四在位後期，在官方頌揚的勝利與法軍實際受挫的事實之間，會出現愈來愈尖銳的矛盾。

第七章

系統重建

請來看模範君主解除軍備，
來自世界各地的子民臣服於他膝下，
只有他的威名能讓人震懾良久，
直到他的手臂終於征服世界

——勒克萊爾（Leclerc）
勝利廣場雕像上的牧歌（madrigal）

　　1678 年 9 月 29 日，奈美根條約同時在巴黎市的十一個地方鄭重宣布，鐘鼓、號角齊聲相應，該市和其他省分也相繼以鳴砲、煙火及讚美詩歌誦和平 (Trout, 1967-8)。接下來是十年頗為和平的日子，路易十四安享他的桂冠，接受他子民的尊敬。到這時，幾乎所有讚美的形式，都已用過，不過開始以他的名字做為地名之舉，倒是值得一提。1680 年代在薩爾地區（Saarland）建造的要塞，取名為「薩爾路易」（Saarlouis），以讓人們永遠記得他（這城鎮如今還是這個名字，不過已劃入德國領土）(M. G., July 1683, p.188)。與此同時，在 1682

年，薩萊(Salle)騎士把北美洲的一部分地區稱爲路易斯安那。

　　在和平的十年間，花費在藝術方面的金錢，難免會增加。舉例來說，就是在這十年內，蒙薩爾(Jules Hardouin Mansart)重新建造凡爾賽宮，勒布朗與他的夥伴將凡爾賽宮重新裝潢。這座宮殿因爲功能改變，必須重新設計。1682年宮廷與行政中樞正式遷到凡爾賽宮。有些時候路易還是待在其他住所，譬如楓丹白露與香波堡(Chambord)，但在1683年他的妻子過世，幾個月內他又祕密娶了曼特農夫人之後，他的生活遂變得較爲靜態。皇后過世之後，將凡爾賽宮隔成兩個國寓的計畫取消，國寓改置於中央(K. O. Johnson, 1981)。

　　由於聖西門回憶錄中有關國王、宮廷，及其所謂「機器」(machine)的描述，使得後世對路易十四在位後期所重建的凡爾賽宮體系，印象最爲深刻。

　　不但是皇后在1683年過世，考爾白也在這一年逝世，對另一個體系——路易十四的宣揚機器——的建立上，他的貢獻最大，這已在第四章討論過。在考爾白的繼任者盧瓦(Louvois)手下，這套體系又被重新改建。

宮殿

　　從1675年，也就是當他被任命爲宮廷建築師時開始，蒙薩爾便深受皇室欣賞，他總是隨行在國王身邊(Autin, 1981, pp.52f)。凡爾賽宮的主要設計，便是由他負責，包括著名的鏡廳、「戰爭與和平廳」，與「使節樓梯」。由勒布朗和同僚一起進行的裝飾，構成了最令人懷念的「國王史」(圖32)。《雅致信使報》中有關這些裝飾的文字敍述，使有關路易十四的這些描述，能夠散播到朝臣之外的臣民那兒。(小

32．形象製作者的形象。〈勒布朗的肖像〉，拉吉利埃繪，1686 年。（Louvre, Paris）
（圖 24 即仿照畫中勒布朗手指的那幅畫）

學會的)夏麗蒂埃、雷桑(Pierre Rainssant，國王紀念章保管者)以及稍後的小費利比安(Jean-François Félibien，國王建築史家的兒子)，他們針對這個主題的著作，都具有宣揚的功用(Rainssant, 1687; Félibien, 1703)。

　　鏡廳的最初計畫是神話式的,本來是打算呈現赫丘力士的事蹟。當然，1678 年決定以國王的事蹟取代原計畫一事，是出自高層政治機構──也就是樞密會議(Conseil Secret) (Walton, 1986, p.95)──之手，此事絕對有其意義。有九幅大型與十八幅小型的繪畫,「描述自庇里牛斯和平到奈美根條約間的國王故事」(M. G., December 1684, p.7)。在大型繪畫中，有八幅描述荷蘭戰爭，一幅描述個人統治時代揭幕(圖 20),「畫中國王正值年輕，婚後一心追求榮耀，接掌了國家領導，並……思索如何讓他的子民快樂，如何屈辱敵人。」(M. G., December 1684, p.10)在位時的國內事件(政經改革、保護藝術、管理巴黎等等)則以背景方式處理(Rainssant, 1687, pp.9-84)。為了確保觀眾會正確解讀這些圖像，繪畫都撰有題銘。我們可以從下列事實看出這些題銘的重要性，盧瓦曾下令去除最初由夏麗蒂埃所製作的題銘，改以布瓦洛與拉辛較為簡單的題銘取代，理由是原先的題銘太過「誇大」(Racine, 1951-2, 1, p.68)。

　　根據當代人的看法，「使節樓梯」可說是壯闊無比，建造這座正面大樓梯是為了要迎接國王凱旋歸來，後來在舉行典禮之時──譬如有使節要來覲見國王時──也會使用到這座樓梯。這座樓梯建於1680 年代，毀於十八世紀，但我們可以藉由當代人士的描述，想像出這座樓梯的模樣(Jansen, 1981)。樓梯的裝飾主題還是勝利，浮雕上繁不勝數的戰利品與戰車都強調了這一點。被法國擊敗的敵人以寓言形式出現，或是巨蟒，或是九頭蛇，但觀眾可以從盾形紋徽確定這

些圖形指的是西班牙與神聖羅馬帝國。樓梯上的浮雕再現路易十四在位時的著名事件，包括法律改革、渡過萊茵河、降服弗朗什孔泰與西班牙承認法國的優先地位。當西班牙、荷蘭與神聖羅馬帝國的使節登上這座樓梯時，感覺如何，讀者只能自行揣摩(Félibien, 1680; M. G., September 1680, pp.295-310)。「戰爭廳」加深了勝利的感覺。其著名的浮雕——模仿柯塞沃克(Antoine Coysevox)的大理石浮雕——描繪了國王騎馬越過兩位戰俘的勝利姿態(圖 33 與 34)。

宮廷

今天「凡爾賽宮」這名詞讓人想起的，不僅僅是一棟建築物，還包括了一個社交生活的世界，那是宮廷的世界，尤其是國王每日儀式般的起居。早上起床與晚間就寢的行為，轉化為晨起(lever)與就寢(coucher)的儀式——前者還分成兩個階段，比較不正式的小晨起與比較正式的大晨起。國王進餐(couvert)也開始儀式化。路易十四可以吃得比較正式或比較不正式，但就算是在最不正式的時候也有三道菜，每一道菜都有許多盤菜供選擇(Saint-Simon, 1983-8, 5, p. 607)。這些進餐行為是在觀眾注視下的表演行為。能目睹國王進餐，是一種榮耀，在國王進餐時被他提到，是更高的榮耀，能為國王端菜，或與他同桌則是最高榮耀。在場除了國王之外，每個人都得戴帽子，但是除非正在進食，否則在向國王說話，或得到國王主動開口詢問時，則必須取下帽子(Ibid, p.604)。

正如社會學者艾利亞斯(Norbert Elias)所指出的(他的分析角度與布洛克〔Marc Bloch〕研究御觸的角度相似)，我們不應該覺得這些儀式只是有趣而已。我們應該分析這些儀式，從中了解相關

33.〈路易十四踐踏他的敵人〉,柯塞沃克製,灰泥浮雕,1681 年。(Château de Versailles)

34.〈路易半身像〉，柯塞沃克製，大理石，　約於 1686 年。（The Wallace Collection, London）

的文化——關於絕對王權，社會階級制度等等（Elias, 1969）。我們可以由此進一步探索國王日常生活的其他部分——他的每日彌撒、他與顧問間的會議，甚至他的活動、他的打獵行為，以及他在花園散步的情形。可能有人會認為，以這種方式分析下去，「儀式」這個字的意義會逐漸淡化，直到它失去大部分的意義。不過，觀察者指出，國王的所有行為，「連最微末的姿態」，都是計畫好的。每天同一時間進行同樣的事，極為規律，我們幾乎可以用國王的作息來對時

(Saint-Simon, 1983–8, 5, p.530)。

　　要參與國王的這些行為，需要遵照正式的規範規定——哪些人可以覲見國王、在什麼時間、在宮廷中的什麼地方、這個人應該坐在椅上、凳上(tabouret, 編按：跪拜用的墊凳)，還是必須站著(Ibid., 2, pp.553, 877, 951, etc.)。國王的每日生活不但是由一些重複的行為組成，這些行為尚有象徵意義，畢竟這位在大眾面前表演的演員地位神聖。除了就寢的時間，路易十四多半都是在這個舞臺上。跟國王有密切關係的物體，也連帶變得神聖，因為這些物體代表國王。如此，背對國王的肖像是不敬的行為；進入國王的空臥房前，必須跪拜；進入擺有國王進餐餐桌的房間，也不可以戴帽子(Courtin, 1671)。

　　在對宮廷儀式進行社會學分析的同時，最好也能談談這些儀式的肇始與發展。雖然在想到路易十四之時，自然會想到這些儀式，我們卻不該認為這些儀式是向來都存在的。關於這些儀式的起源是一個明顯但又容易受到忽視的問題，問起來很容易，卻難以回答。所謂凡爾賽宮傳統是如何「發明」的，至今仍不清楚(cf. Hobsbawm and Ranger, 1983)。這些宮廷禮儀是在 1682 年，路易十四進駐凡爾賽宮時開始的嗎？他之前到凡爾賽宮，以及後來到其他宮殿時的情形，又是如何？是國王本人創造這些儀式，還是出自他的顧問，或典禮負責人？這些儀式實際上是遵循傳統的嗎？它們是因為政治目的才設立的嗎？

　　由於這些日常禮節在建構路易十四形象之時相當重要，因而在此把我們所知道的相關禮節摘述出來，頗有意義。幾乎所有的證據都源自路易十四在位晚期。有關於聖西門所謂「這位君主生活外觀」的最完整、最生動也最常被引用的敘述，便是出自他撰寫的回憶錄。回憶錄中的這一部分遲至 1740 年代才開始撰寫，但內容是取材自聖

西門公爵於 1690 年代所寫的回憶錄，那時他是路易十四的大臣之一
(Saint-Simon, 1983-8, 5, pp.596ff; 關於聖西門參看 Coirault, 1965)。另一個有關於
這些儀式，頗有價值但較不詳細的敘述，出自斯潘亨之手──他是
勃蘭登堡(Brandenburg)選侯派來的大使──亦即他在 1690 年時
為其君主所寫，關於法國宮廷的敘述。在 1680 年代斯潘亨一直身為
大使，因此，他對 1682 年的一些可能改變鮮少評論，也就格外具有
意義。

　　聖西門與斯潘亨都是以整體性的方式描述這個系統。不過，在
1690 年之前，相關的證據則顯得零零碎碎。多產的丹久要到 1684 年
才開始撰寫他的日記，這對我們來說，頗為不幸。義大利貴族維斯
孔蒂(Primi Visconti)在其關於 1674 年的回憶錄中，簡單描述了國
王的小就寢儀式，他對就連國王如廁之時，身旁都陪伴有侍僕一事
感到驚訝(Visconti, 1988, p.61)。1671 年，曾經擔任過外交官的庫定
(Antoine Courtin)出版了一本關於禮節的書，其中還提供指導，說
明在凡爾賽宮要如何才能舉止合宜(Courtin, 1671)。薩伏衣公爵(Duke
of Savoy)的特使則提到 1661 年時，在羅浮宮侍奉國王起身的一大
群人(Saint-Maurice, 1910, 1, p.157)。雖然亨利四世與路易十三的宮廷似乎
不如西班牙那般拘謹，但還是看得出有某種程度的約束。

　　由於我們沒有太多證據，來說明這些凡爾賽宮傳統的起源，因
而要為這問題找出一個完全清楚的答案是不可能的。我們只能將斷
簡殘編加以彙整，做出以下的假設結論。在國王實施個人統治之前，
他的日常生活已經有相當程度的儀式化，但這些儀式後來又因為法
國宮廷採用了西班牙宮廷的習慣，而變得較為繁瑣。由於國王對舞
蹈與表演感興趣，又喜歡在這些儀式中扮演主角，有可能舞蹈方面
的改變是出自路易十四之手，至少也經過他仔細監督。隨著凡爾賽

宮不斷增修，愈來愈繁複美麗，宮內所進行的這些儀式也就顯得更為迷人，更為嚴謹，因而那種規律性的感覺也更為強烈。

關於宮廷中的這種規律生活，我們倒是可以確定其中一項主要的改變所發生的時間。在國王於 1682 年遷到凡爾賽宮之後，國王決定開放他的住所，讓大眾（也就是上流人士）一週有三次機會前來「娛樂」，譬如打牌與撞球。在這些時候，「國王、皇后，以及他們的家人，都會降尊與前來拜訪的人一同遊戲。」(M. G., December 1682, p.48) 對於這個新制度與國寓 (apartment) 的官方描述，顯示國王的目的是要展示他親近大臣的一面。紀念章與國王的回憶錄中，都強調了這一主題。

組織者

1680 年代中期，再現國王公眾形象的方式，又有其他改變。這些改變可能與考爾白過世，盧瓦得勢有關。考爾白與盧瓦長久以來彼此競爭，前者在國內事務方面深獲重用，後者則主宰外交政策。1683 年考爾白過世，讓盧瓦有機會將他的勢力延伸入藝術領域。考爾白的第四個兒子，布隆維爾 (Blainville) 侯爵，繼承了建築總監這個職位。他曾接受過繼承這個職位的相關訓練。不過，路易十四並不滿意這位年輕人的工作表現(Autin, 1981)。於是，國王同意讓盧瓦買下這個職位，掌控皇家建築、戈布蘭掛毯工廠與諸學會。不久盧瓦便以皇家美術與雕刻學會保護者的這個新的身分，任用一些藝術家 (Corvisier, 1983, pp.375-404; cf. Duchene, 1985)。

1683 年這項控制權改變的效應，揭示出當時贊助體系的運作。把這種體系比做十九、二十世紀的「政黨分贓制」並不算太過離譜，

後者本就可以視爲現代初期政治贊助體系的延續。主要的差別是，因爲沒有正式的政黨，十七世紀的體系難免會比較多變(或更具彈性)。「大人物」有權決定是否要汰換現職者。

　　總監易人對勒布朗是個威脅，如我們所知，勒布朗是考爾白的人馬，而盧瓦則支持他的對手米納爾。勒布朗並未失去他的正式職位，但他卻失去了影響力。另一位遭盧瓦摒斥的考爾白人馬是查理‧佩羅，他不但失去身爲小學會成員的資格，也失去建築委員的官職(Perrault, 1909 pp.135-6)。新任建築監督——也是小學會的祕書——是盧瓦的手下，拉沙佩爾(La Chapelle)。拉沙佩爾與勒布朗間起了衝突(Guillet, in Dussieux, 1854, 1, p.67)。考爾白的其他人馬失去了他們的職位。喀卡維喪失對科學院與皇家圖書館的控制權，勒諾特爾則被迫退休。

　　米納爾發現他的時機終於來到了。他被授以爵位，並奉命彩繪凡爾賽宮的小畫廊。1690 年勒布朗過世之後，他更接替勒布朗成爲首席皇家畫家。考爾白時代受到冷落的雕刻家普吉(Pierre Puget)重獲任用。這時盧瓦的另一位手下，當諾德維塞(Jean Donneau de Visé)——《雅致信使報》的編輯——從國王那兒得到了固定的俸祿。藝評家皮爾(Roger de Piles)也是盧瓦的人馬，他被派去荷蘭從事間諜工作，並爲國王購買畫作。荷蘭人識破了他的身分，在坐牢期間皮爾得空寫了本書(Mélèse, 1936; Mirot, 1924; Teyssèdre, 1957)。

　　比人事改變更爲重要的是政策轉變，更精確地說，是戰略改變，畢竟基本上爲國王宣揚的目標未變。在八年的建築總監任期中，盧瓦成功地推動了一連串的偉大計畫。他把凡爾賽宮的開銷增加一倍(Corvisier, 1983, p.390)。他計畫在文當廣場(Place Vendôme)建造一些建築物，以容納皇家圖書館與所有學會。雖然他終止了考爾白與勒布朗在羅浮宮外爲路易十四建立雕像的計畫，但卻支持 1685 至 86

35. 首都外的路易。〈里昂皇家廣場雕像模型〉，吉拉爾東製，蠟像，約於1687年。
(Yale University Art Gallery, gift of Mr and Mrs James W. Fosburgh, B.A. 1933)

年間所謂的「雕像運動」，亦即在巴黎和其他大城的廣場上，豎立約二十座國王雕像──通常是騎馬雕像。這些大城包括：艾克斯（Aix）、翁熱（Angers）、亞耳、柏桑松、波爾多（Bordeaux）、岡城（Caen）、第戎（Dijon）、格勒諾勃（Grenoble）、哈佛爾（Le Havre）、利摩治（Limoges）、里昂（圖35）、馬賽、蒙貝列、波市（Pau）、普瓦提耶（Poitiers）、勒恩（Rennes）、都爾（Tours）與特魯瓦（Troyes）(Josephson, 1928; Boislisle, 1889; Souchal, 1983; Hartin, 1986)。這些雕

像有些終究沒有豎立(柏桑松、波爾多、格勒諾勃)，有些則在國王
過世之後才豎立(蒙貝列、勒恩)。不管怎樣，這行動的規模令人印
象深刻，讓人覺得像是出自奧古斯都這類的羅馬皇帝之手，而非現
代君主。

　　這些爲國王宣揚(或者該說是「奉爲神聖」)的紀念建築物，其本
身的揭幕儀式便是個值得慶祝的場合。舉例來說，岡城的雕像便是
在 1685 年國王生日當天，鄭重揭幕，有遊行、演說、號角、鼓樂、
鐘鳴和禮砲。除宣傳小册之外，《法蘭西公報》和《雅致信使報》也
都報導了這個事件(*Récit*, 1685; *Gazette*, 1685, p.560; M. G., October 1685, pp.
13ff)。

　　1686 年《雅致信使報》報導說：「各處都想爲他豎立雕像。」(M.
G., January 1686, p.2)這類雕像大部分是騎馬像，但有些是國王的立身
像。其中最出色的是德雅爾丹爲勝利廣場製作的雕像，這座國王立
身像身著加冕皇袍，有十三呎高，足踏地府門犬，勝利女神爲他戴
上桂冠——勝利女神是「靠在他身後，一位巨大有翼的女人，手捧
一頂桂冠正要戴在國王頭上」(圖 36，37，38)(Lister, 1699, p.25; cf. Bois-
lisle, 1889, pp.49ff; Description, 1686; M. G., April 1686, pp.216ff, 224ff, 240-309)。雕
像的足部寫有「致不朽之人」，大理石座上的題銘列出路易十四在位
時的十項重大成就。這尊雕像還包括四位銅製戰俘、六塊慶祝路易
十四在位期間最光榮事件的浮雕，以及四根燃有火炬的圓柱，這些
火炬每晚都會點燃。

　　這尊雕像的揭幕式熱鬧得恰到好處，有遊行、演說、禮砲、音
樂和煙火(Boislisle, 1889, pp.58ff; M. G., April 1686, pp.250-309)。1687 年時，
普瓦提耶當地雕刻家吉魯瓦爾(Jean Girouard)爲國王製作了一尊
立身雕像，並在當年的聖路易節，於舊市集廣場隆重揭幕(*Relation*,

36. 勝利的路易。〈勝利廣場上德雅爾丹爲路易十四所製雕像〉, 阿耳諾繪, 版畫, 約於 1686 年。(Musée de la Ville de Paris, Musée Carnavalet, Paris)

37. 勝利的路易。〈勝利廣場一景〉, 作者不詳, 版畫, 十八世紀初。(Cabinet des Estampes, Bibliothèque Nationale, Paris)

38. 勝利的路易。〈勝利廣場一景〉,
諾思雷著《地形描述》卷頭插畫,
1702 年。(British Library, London)

1687)。同年,在路易十四拜訪巴黎之時,曾去觀看位於勝利廣場與文當廣場的雕像,依照計畫文當廣場上還會再豎立一尊國王雕像。在這次拜訪中,有德雅爾丹和吉拉爾東兩位藝術家隨行(M. G., February 1687, pp.50, 55, 57, 73)。

最早想到這個雕像運動的人,似乎是皇家建築師蒙薩爾,勝利廣場上那尊最出色的雕像,則是弗亞德元帥(Marshal Feuillade)私

人委託製造的(李希留公爵〔duc de Richelieu〕也委製雕像置於他雷斯〔Reuil〕的城堡中)。不過，要是沒有盧瓦的支持，這些計畫是絕對沒有實現的可能。至於各省的雕像，從題銘上看來似乎都是當地人主動為了向國王致敬所委造的，《雅致信使報》的報導更加強了這種印象。舉例來說，根據報導，格勒諾勃市要該地的市議員「極其謙卑地要求陛下，允許他們在其主廣場上，豎立一尊他的雕像」(M. G., June 1685, p.69)。「岡城並不願在為陛下立像一事上落後。」馬賽也要求准予建造一尊雕像(M. G., October 1685, p.13; February 1686, part 2, pp.49ff)。

　　不過，有證據顯示這種展示忠誠的舉動，並非出於自願。自治市與地區的三級會議都曾接獲鼓勵——如果說不是接到命令的話——經由總督、省長與其他官員，採取這種舉動。舉例來說，在岡城是由巴里隆(Barrillon)總督主動提出；在格勒諾勃則是勒布雷(Lebret)總督負責提出；在哈佛爾是聖阿格南公爵；在勒恩是肖爾尼(Chaulnes)公爵。要不是巴黎方面有命令的話，這些官員是不會同時在不同的省分提出這種建議的(Boislisle, 1889, pp.210ff; Wolf, 1968, p.465, 787; Souchal, 1983, p.311; Mettam, 1988)。甚至有一些向路易致敬的紀念建築物，上面的題銘與其他細節，都是出於中央政府之手。在亞耳，當地學會所設計的題銘，被官方史家佩里森所寫的題銘取代。在第戎，蒙薩爾堅持要做一些增補，這是在當地三級會議原先的計畫之外。至於里昂，在盧瓦過世後，負責小學院的龐恰特雷恩(Pontchartrain)插手干預，決定題銘的內容(Rance, 1886; N. R. Johnson, 1978; Mettam, 1988)。

　　中央政府對各省國王形象的宣揚情形愈來愈重視，此事顯然有其用意。雕像運動主要是針對所謂的國中之國(pays d'États)——諾曼第、不列塔尼(Britanny)、阿圖瓦(Artois)、勃艮第、朗

格多克(Languedoc)和普羅旺斯(Provence)——這些地方都是晚近才納入法國版圖，還保有相當的獨立性。大約就在同時，也出現了以巴黎爲模範的省級機構，包括了從尼姆(Nîmes)的皇家學會到馬賽的歌劇院。政府之所以會致力於在這些省區造成輿論，可能多多少少是因爲 1675 年不列塔尼農民反叛的緣故——這次反叛，當地的高層人士難辭其咎。

　　盧瓦也試圖經由出版品，大規模地爲國王宣揚。這些出版品中，有一些與科學院有關(Mallon, 1985; Taton, 1985)。另一個由盧瓦所發動(或由他所重新催生)的計畫：「紀念章史」，與路易十四的形象更有直接關聯。依據這個計畫，紀念章(或硬幣)史要以書籍形式敍述國王的在位事蹟，所有用來紀念特殊事件的紀念章版畫，均以編年順序排列，並附以說明文字。我們可以從下列事實看出大臣對這計畫的關心程度。爲皇家紀念章製作題銘的小學會於 1683 年擴大編制，(除了布瓦洛與拉辛之外的)新成員之一是雷桑，他是盧瓦的手下，本章曾提及他對凡爾賽宮的描述(HARI, 1740, 2, pp.10-13)。在盧瓦晚年，戰爭再度爆發之時，盧瓦極注意《公報》報導戰爭的方式，他批評某些文章，也修改某些文章的草稿(Rousset, 1865, 2, pp.376, 464)。

　　和考爾白時代一樣，團隊合作相當受重視。不過，這時期的計畫還是反映出這位大臣——而非國王——的個性(無情、粗暴、傾向極端)。從事形象製造的工作者是德雅爾丹、米納爾與雷桑等等，但下命令的指揮者是盧瓦。

事件

　　雖然這十年國內外大勢頗爲平靜，我們還是可以在這時期的事

件當中，察覺出與之前類似的宣傳語調。挑選來加以紀念的事件，包括兩次海軍行動、兩次外交場合、國王御體康復，以及最重要的廢除南特詔令。

海軍行動係指 1683 年砲轟阿爾及耳與 1684 年砲轟熱那亞（Genoa）二事。前者（鄂圖曼帝國的一部分）之所以受到轟炸，是因為它收容海盜；後者（當時依然是個獨立城邦）則是因為其政府竟敢允諾為西班牙海軍建造船隻。從相關的紀念章中，我們得以對當時的官方態度有相當程度的了解。其中一枚紀念章上的題銘為：「雷擊阿爾及耳」（圖 39），隱約把路易比喻為朱比特（天帝朱比特經常手持雷電）（圖 40、41）。在其他地方，這種比喻更為明顯，舉例來說，勒布朗在凡爾賽宮的畫便是如此。另一枚紀念章則題銘為「非洲哀懇者」（Menestrier, 1689, p.53; *Médailles*, 1702, p.195）。

在兩枚紀念砲轟熱那亞的紀念章上，一枚寫著「雷電拋向驕傲的人」，另一枚則刻上「糾正（或處罰）熱那亞」（圖 42）（*Médailles*, 1702, p.202）。這是極端家長政治的用語。法國官方藝術家與作家把像熱那亞那樣的獨立城邦，描述成小孩，要為做錯事「接受處罰」（M. G., April 1684, p.323; August 1684, pp.52ff）。

更過分的是，熱那亞總督被迫親自前來巴黎，提出道歉，或是如《公報》所描述的，向路易「表示臣服」，阿爾及利亞的大使便是如此（路易十四在位早期，西班牙的特使與教皇的特使，也曾因為大使馬車事件與科西嘉守衛事件，前來道歉）。總督帶著四位議員前來凡爾賽宮，發表道歉聲明，每當提到國王的名字，他便摘下頭上的帽子，以示尊崇。路易十四態度優雅地接受道歉，總督離開時深深鞠了三次躬，這些熱那亞人得到晚宴招待、禮物，並由嚮導帶領參

39.〈雷擊阿爾及耳〉,紀念章正反面,紀念章版畫,1702 年。(British Library, London)

40.〈雷擊海德堡〉,紀念章筆墨設計圖,「題銘學會 1694 年前的計畫」。(Manuscript Collections, British Library, London)

41.〈空氣〉，四幅刺繡垂帘之一，約製於 1683-4 年間。(All rights reserved, The Metropolitan Museum of Art, Rogers Fund, 1946)

42.〈糾正熱那亞〉，謝隆製，紀念章反面，1684 年。(Department of Coins and Medals, British Museum, London)

觀凡爾賽宮(*Gazette*, 1685, pp.192, 271, 295ff, 320; M. G., May 1685, pp.310ff)。此次臣服事件不僅報紙、雜誌有所報導，阿萊(Claude Hallé)也爲此事畫了一幅畫(圖 43)；戈布蘭的掛毯，還有紀念章也都宣揚此事，紀念章的題銘之一爲：「熱那亞臣服。」(Menestrier, 1689, p.51)

　　另一個使節團也幾乎受到媒體同等的注意，那就是「暹羅國王派來的官員」(1686)，毫無疑問，那是因爲該國支持路易是「世上最偉大的君主」這個講法。《雅致信使報》發行了四份特刊報導這次訪問，描述這些訪客對國王表達的敬意。顯然我們應該注意到，這些暹羅人被帶去參觀戈布蘭工廠、皇家美術學會，以及一些藝術作品，包括勒布朗的「亞歷山大史」。使節團也出現在油畫、版畫(圖 44)、浮雕與紀念章上。(關於浮雕，參看 Dussieux, 1854, 2, p.36; 關於紀念章，參看 Menestrier, 1689, p.66; *Médailles*, 1702, p.216; Lanier, 1883, pp.58ff)

43.〈熱那亞總督前來凡爾賽宮〉，阿萊繪，油畫，1685 年。(Musée Cantini, Marseilles)

廢除南特詔令

　　就再現國王的形象而言，廢除南特詔令的影響力超過這時期的其他事件。歷史學家經常批評路易十四宣布新教為非法的決定，因為這項決定導致約二十萬法國男女外移。我們在此所要注意的重點是當時媒體支持的重要性。有些媒體評論，可說是出自政府之手，自我吹噓，但有些則是外人寫的，譬如耶穌會會員，或教區的神職人員。要是我們仔細觀察當時法國是如何再現廢除南特詔令這件事，我們便會發現，路易十四的形象並非如太陽一般，只有單一中心。他的形象是官方與非官方作家、藝術家和贊助人聯合製造的成果。

　　至於官方對此事件的再現方式，我們可以從報紙開始著手，特別是《雅致信使報》，該報花費了許多篇幅談論此事。起先報導一些

44. 世界向路易十四致敬。〈國王接見暹羅特使〉，載於《1687 年皇家年鑑》。
(Bibliothèque Nationale, Paris)

關於傑出的新教徒改變信仰的事，暗示說在沒有暴力的情況下，新教徒的「人馬」正日益削弱(M. G., January 1682, p.10; June 1685, p.20)。政府廢除詔令的每一個步驟，都伴隨對陛下的讚美，稱讚他最具有基督教徒的「熱忱」(M. G., December 1684, pp.88-9)。在國王終於頒布廢除詔令之時，報紙並未做什麼評論(M. G., October 1685,pp.324ff)。不過，此事過後報紙上刊載了許多恭賀國王摧毀「無禮邪教」的詩作，例如：

> 消滅了無禮反叛的邪教，
> 這是無上的勝利，也是這位偉大國王的目標。
> 誰能凌駕他的榮耀？(M. G., January 1686, p.18; cf. February 1686)

官方再現廢除南特詔令的方式，還包括了使用紀念章，上面的題銘是小學會製作的，內容諸如：「真正的宗教贏得勝利」、「邪教消滅了」或「兩百萬名喀爾文教徒回歸天主教會」(圖58)(Menestrier, 1689, pp.36-7; *Médailles*, 1702, pp.209-11)。勝利廣場上由德雅爾丹為路易十四製作的那尊雕像，也包括有廢除南特詔令的浮雕。皇家美術學會選擇「教會勝利」與「踐踏邪教」，做為證書圖案的主題。在1687年成為學會一員的韋南塞爾(Guy Louis Vernansel)，在其所繪的一幅畫中，便呈現了第二個主題(圖45)。跟平常一樣，教會以一位女人的形象出現，受到路易的保護，異端分子不是奔逃，便是倒地。在當了二十年的宮廷芭蕾與歌劇的作家之後，基諾寫了一首名為「消滅異端」的史詩，查理・佩羅則為「新近改變信仰者」，寫了一首頌詩，恭賀他們以及他們「寬大為懷的」君王(Perrault, 1686, pp.99-106)。

教士們也為廢除行動慶祝，這倒並不令人意外，因為其中有些人一直催促國王採取這個行動。的確，有人認為教士們利用國王為

45. 信仰的保衛者路易。〈廢除南特詔令的寓言〉，韋南塞爾繪，約於 1685 年。

「工具」，以達成自己的目的(Stankiewicz, 1960, p.179)。在就這行爲稱讚國王的頌辭中，最著名的是在前大臣勒泰利耶葬禮時，波舒哀所寫的佈道文，他將路易描述爲「這位當代的狄奧多西、這位當代的馬西昂(Marcion)、這位當代的查理曼」(Bossuet, 1961, p.340)。耶穌會會員尤其喜歡這個主題。巴黎耶穌會學院敎授夸蒂耶(Philibert Quartier)發表一篇頌辭，歌頌國王「已消滅異敎」。1685 年巴黎耶穌會學院的芭蕾主題是「克洛維」──在法國建立基督敎會的那位國王。兩年之後，另一位耶穌會會員勒傑伊(Gabriel Le Jay)，選擇了「宗敎勝利」做爲他頌辭及題銘的主題(Quartier, 1681; Jouvancy 1686; Le Jay,

1687)。事後看來，早期的芭蕾與演說，可以視爲耶穌會會員鼓勵反新教徒運動的行爲。舉例來說，這類演出包括《君士坦丁：宗教勝利》(1681年演出，同年史特拉斯堡被迫回歸天主教)，和《虔誠的路易》(1683) (Quartier, 1681; La Rue, 1683)。

　　法國內外其他人士的反應，就沒有這麼高的支持度。我們在回顧歷史時可以看出，這項舉動對國王的形象而言，傷害多於助益。到他在位後期，這形象還會更加晦暗。

第八章

日落

若能在霍希斯塔德(Hochstädt)使敵軍處於不利情勢，那
麼其大軍必會退出戰場，如此一來，他們所輸掉的將是整
個世界，而不只是霍城
　　　　——《雅致信使報》1704 年 10 月，布倫亨會戰報導

　　1688 年時，路易十四五十歲。他已在位四十五年，實施個人統
治二十七年。以十七世紀的標準來說，他是一位年長的人。沒有人
會猜到他還能再統治四分之一個世紀。國王的身體狀況不佳，在
1680 年代末期，被迫接受了兩次手術。第一次手術時，他失去了大
部分牙齒。第二次的手術比較嚴重，是爲了治療瘻管(fistula，編按：
位於有腔臟器與體表，或有腔臟器之間的不正常通道，且多半由於外傷炎症或
腫瘤等造成，須開刀切除)——官方的說法比較委婉，僅用「不適」或
「違和」等字眼(斯居代里小姐寫了一首「陛下身體違和」的抒情牧
歌)(M. G., April 1686, pp.2-4; November 1686, p.322)。由於生病的關係，路易
的對外活動也愈來愈少。的確，在 1692 年帶領朝臣廷參與圍攻那慕

46. 衰老的路易。〈路易十四肖像〉,伯努瓦製, 蠟及混合材料, 1706 年。(Château de Versailles)

47. 路易的座右銘:鮮不如人。〈鮮不如人〉，瓦蘭製，紀念章反面，1674 年。(Cabinet des Médailles, Bibliothèque Nationale, Paris)

爾(Namur)的行動之後，國王便不再參加戰役。

此外，路易本人也愈來愈不愛活動，這是由於痛風帶給他的折磨愈來愈深。晚年時，有時可看到他在凡爾賽宮中或花園裡，乘坐輪椅的模樣。他仍然注重他的個人形象，1704 年有一天，他因爲猶豫不決究竟是要戴哪一頂假髮，而考慮良久因此受涼。不過他已開始減少在公共場合出現的次數(Le Roi, 1862, pp.261, 277)。就寢的儀式於1705 年廢止，在里戈於 1701 年爲他畫了那幅著名肖像畫(圖 1)，及1706 年伯努瓦(Benoist)爲其製作蠟像(圖 46)之後，就不常再現國王衰頹的身軀。

他在政治上的表現也有走下坡的趨勢。漫長個人統治的後半期不如前半期成功。這段時期既不和平也沒有什麼勝利。法國無法擊敗敵人組成的大聯盟，那句驕傲的題銘「鮮不如人」(圖 47)，在這

時期也顯得愈來愈不合宜。奧格斯堡(Augsburg)聯盟戰爭從 1688
年延續至 1697 年，西班牙王位繼承戰爭則從 1702 年延續到 1713
年。這些戰爭耗資驚人，使國家負了一大筆債，儘管其間不乏個別
勝利——尤其是奧格斯堡聯盟戰爭——但這些勝利對國王的光榮，
並沒什麼幫助。當代的法國人與非法國人，以及後來的史家，都持
這種看法。

　　由於這些理由，我們可以將路易十四在位的最後二十五年稱為
國王的「日落」。因此，我們有必要比以前更仔細觀察國王的公眾形
象與當代人眼中的國王這兩者間，所可能出現的一些矛盾，以明白
形象製造者是如何處理這個問題。

　　在這個困難的時期，路易缺乏像利昂(Lionne)、勒泰利耶與考
爾白這類富有才幹的人。盧瓦可說是最後一位重量級人物，他於
1691 年過世。像維拉塞(Villacerf)或龐恰特雷恩這些官員，和上述
人士並不屬於同一類。維拉塞是考爾白系的人馬，他於 1691 年出任
建築總監，但在 1699 年因財務醜聞而辭職；龐恰特雷恩則接替盧瓦
在學會方面的事務。官員中最能幹的或許是托爾西(Torcy)侯爵，他
是考爾白的外甥，1696 年擔任外交大臣，其職責還包括美化國王在
海外的形象，特別是在西班牙王位繼承戰爭之時(Klaits, 1976)。托爾西
相當關心作家俸祿與學會津貼方面的事(他成立一所政治學會)，這
顯示他有意回歸他舅舅的政策。

　　為國王製造形象的藝術家與作家，他們的才華也不如前人。沒
有新的莫里哀或拉辛，只有一些像拉查普爾(Jean de La Chapelle)
的二流劇作家。由於人才短缺，史學家稱這段時期是「法國文學的
危機」(Magne, 1976)。沒有哪個人，能夠取代呂里(1687 年過世)或勒
布朗(1690 年過世)。凡爾賽宮、馬利與大特里阿農宮(Grand

Trianon)的新裝飾皆出自二流藝術家，譬如烏阿塞(René Antoine Houasse, 以前是勒布朗的手下)、夸佩爾(Noël Coypel)、拉福斯(Charles de Lafosse)、儒弗內(Jean Jouvenet)與德波爾特(François Desportes)(Schnapper, 1967)。雕刻家吉拉爾東還在任，但是到 1700 年時，已不獲國王重用，何況那時他已年過七十。廢除南特詔令使許多曾為國王做事的藝術家遷離法國，譬如馬羅(Daniel Marot)，他轉而為奧倫治的威廉(William of Orange)效命。

　　宮中依然有壯觀的表演，然而在皇太子與路易的孫子勃艮第公爵過世之後，這些表演便顯得不適合，且多半也是出自一些二流人物之手，譬如作曲家德圖什與拉朗德或詩人拉莫特(Antoine de Lamotte)。拉辛活到 1699 年，布瓦洛則活到 1711 年，但拉辛已經停止為劇院寫劇本，布瓦洛又已江郎才盡。年輕一代的人才中，拉布呂耶爾偶爾會頌揚國王(La Bruyère, 1960, pp.452, 454)。不過他倒是以批評當時的宮廷生活著稱。

　　建築師蒙薩爾於 1699 年成為建築總監，雕刻家柯塞沃克於 1702 年成為皇家學會的會長，肖像畫家里戈則於 1709 年受封爵位。這三位都是具有高度才華的藝術家，但他們無法取代以往為太陽王服務的那些眾多高明人才。

　　宮廷贊助與政府贊助——贊助的範疇雖有重疊，但並不相同——變得愈來愈零星。勃艮第公爵與奧爾良(Orléans)公爵的「衛星」宮廷在贊助美術與音樂方面，愈來愈重要。盧瓦過世之後，皇家建築與皇家學會的責任分了開來，小學會失去以往與建築方面的關聯，只專注於紀念章與題銘方面的事。

　　不管怎樣，國家經濟困難自然限制了贊助的能力。我們可以將 1689 至 1715 年這段時期形容為「大刪減」時期。1689 年官方決定

將凡爾賽宮的銀器銷熔，這個例子清楚說明了戰爭是如何影響到藝術。凡爾賽宮的建築與裝飾工作暫停。盧瓦過世之後，國王下令停止重建文當廣場的工作。俸祿支付停止，皇家出版部門也停止運作。科學院必須放棄手中一些極具聲望的計畫，例如《植物史》(*Histoire des plantes*)的編纂(Mallon, 1958; Taton, 1985)，紀念章史延後。

在本章中，我們對國王形象的進一步研究，重點落在兩個主題：其一是在一個沒有勝利的時代如何呈現戰爭，其二則是兩項顯耀國王的重要計畫，路易大帝廣場的巨大雕像和路易在位時期的官方紀念章史。

軍事行動

在持續十年(1688-97)的奧格斯堡聯盟戰爭期間，作家也曾以詩和散文慶祝其中的幾次勝利，但慶祝的規模不如 1660 年代與 1680年代。萊羅德利奧尼埃(Thomas l'Herault de Lionnière)發表了以頌辭形式撰寫的 1689 年軍事事件史。布瓦洛寫了一首關於佔領那慕爾的頌詩，這事件也以繪畫和版畫的方式呈現(Herault, 1692; Boileau, 1969, pp.123-7; Maumené and d'Harcourt, 1932, no. 254)。關於這次勝利的紀念章，不下四十五枚。其中有十六枚再現陸上與海上會戰，包括(在法蘭德斯的)弗勒呂斯(Fleurus)會戰、(在皮德蒙〔Piedmont〕的)斯塔法爾代(Staffarde)會戰、勒茲(Leuze)會戰、斯坦克爾克(Steinkirke)會戰、普福斯罕(Pforzheim)會戰、內爾溫登(Neerwinden)會戰、馬爾薩格里亞(Marsaglia)會戰和特爾(Ter)會戰(*Médailles*, 1702, pp.228, 230, 238, 241, 243, 249, 250, 254)。有二十枚紀念章用以慶祝佔領領土或城市，包括蒙斯(Mons)、尼斯(Nice)、那慕爾、查利瓦

48.〈掠奪海德堡〉, 魯塞爾製, 紀念章反面, 約於 1690 年。
(Department of Coins and Medals, British Museum, London)

(Charleroi)和巴塞隆那——但不包括那枚打造來慶祝摧毀海德堡, 後來又被禁止出版的著名紀念章(圖 48)(*Médailles*, pp.235, 236, 240, 251, 267; 關於海德堡紀念章, 參看 Jacquiot, 1968, pp.617ff, p.110)。觀眾可以藉由觀看佔領南美洲喀他基納(Cartagena)的紀念章與在加拿大擊敗英國艦隊的紀念章, 感受到一位史家最近所說的那種「第一次世界大戰」的戰區規模(Wolf, 1968, p.546; *Médailles*, 1702, pp.234, 268)。

同時, 在與較早期的會戰相比較時, 我們可以看出紀念章的意義已不如從前。連較不重要的事件, 也上了紀念章: 拯救了一支穀物護航隊、皇太子前往須耳德河(Scheldt), 或敵人的砲轟未能摧毀敦克爾克——英國的艾狄遜(Addison)曾撰文嘲笑這件事(「法國人這回是在吹噓什麼?」)(Addison, 1890, p.351)。甚至還有一枚紀念章是用來紀念將紀念章分發給法軍水手一事。

關於 1702 年至 1713 年西班牙王位繼承戰爭的紀念章，數目不多，這種異常的沉默顯示出法國在這場戰爭中，進展並不順利。十二年的戰爭只打造了二十四枚紀念章。除了慶祝九次戰場上的勝利，以及佔領十一座敵軍要塞之外，有兩枚提到為法軍要塞（土倫〔Toulon〕與朗德雷西葉〔Landrecies〕）解圍之事，這等於承認法軍有時採取守勢（*Médailles*, 1723, pp.303, 309）。有兩枚紀念章並未提到勝利或征服，只是談到 1712 年與 1713 年的「戰役」(Ibid., pp.311, 314)。

不管怎樣，對於任何一位知道最近在布倫亨(1704)、拉米伊(Ramillies, 1706)、奧德納爾德(1708)和馬爾普拉凱(Malplaquet, 1709)發生了什麼事的觀眾來說，這些勝利的榮耀（呂札拉〔Luzara〕勝戰、弗里林根〔Fridlingen〕勝戰、厄克倫〔Ekeren〕勝戰等等）聽來十分空洞。在布倫亨等上述四地，由馬堡公爵(Duke of Marlborough)與薩伏衣的尤金親王(Prince Eugene of Savoy)所統率的軍隊，擊敗了法國的軍隊。事實上，在馬爾普拉凱敵軍的傷亡要比法軍來得高，但此事並無紀念章紀念，這顯示路易並不認為這事件值得慶祝。顯然法國對勝利女神與桂冠的需求量，已然下降。

當時官方印刷品中對這些會戰的描述，也頗有意思。國王的私人信件足以顯示出他清楚情況有多惡劣(Gaxotte, 1930, pp.126〔Vigo〕, 136〔Ramillies〕)。我們知道在巴伐利亞的布倫亨之役法軍戰敗，指揮官塔拉爾(Tallard)元帥被俘，此事再一次令宮廷感到震撼。在消息傳抵凡爾賽宮後不久，曼特農夫人寫了一封信，信中提到此事對國王的打擊，以及他在聽到這消息時，逆來順受的冷靜模樣(Maintenon, 1887, 2, p.30)。《雅致信使報》表示說布倫亨不完全是一場敗仗，因為敵人與法軍相比，「傷亡高出許多」，但當代人——譬如蘇維爾(Surville)侯爵——可以察覺出這種說法頗為空洞，也可以看出政府打算轉移

注意力的用心，因為政府立即下令為海軍的勝利舉行讚美詩頌唱(M. G., August 1704, p.426; October 1704, p.8; Surville quoted Isherwood, 1973, p.281)。

不過，要是我們只讀 1708 年(也就是文當公爵與勃艮第公爵在奧德納爾德戰敗，同時也是失去里耳的那一年)的《法蘭西公報》，我們可能根本感覺不到曾有戰爭發生。官方月刊《內閣之鑰》(Clef du Cabinet)報導說奧德納爾德不是一場敗仗。在 3 月與 7 月間，《法蘭西公報》則根本鮮少提到這場戰爭──3 月分時布魯塞爾傳來報導說：「本國人民極為厭惡聯軍對他們造成的影響，聯軍毀了他們的貿易」，7 月分時西班牙傳來報導說法軍已佔領托爾托沙(Tortosa)，這次佔領曾以讚美詩、篝火，與其他形式公開慶祝(Gazette, 1708, pp.118, 360)。《雅致信使報》把這些交戰稱為「戰鬥」(combat)而非「會戰」，並補充說聯軍的損失高出我們「不知多少」，「要是能夠突破障礙物，我們是有可能獲勝的。」(M. G., July 1708, part 2, preface, and pp. 141, 167-8)奧德納爾德即使不是一個不存在的事件，但還是被降為一個次要事件，或被說成不重要的事。在這段痛苦期間，除了說國王在面對災難時頗為冷靜，或者說很「堅毅」(constancy，斯多葛學派的語彙，小學會於 1715 年的紀念章中採用之)之外，沒有其他什麼值得慶祝的事(Médailles, 1723, no. 316)。

托爾西採行了另一個方法。1709 年，他以國王之名發信給各省主教與總督，他沒有提到光榮，只是講一些體恤民情的話。路易不是被再現為一位遙遠的人物，而是像他百姓的父親，只希望他們「休息」。「我對我子民的感情，與對我子女的感情一樣深厚。」(Gaxotte, 1930; Klaits, 1976, pp.208f)這類言辭並不新鮮：鏡廳的題銘有時也會提到「陛下關心他子民的幸福」(Félibien, 1703, p.103)。不管怎樣，宣傳的重點已經有了明顯轉變。

國內事務

　　儘管國王在位的時間還很長，但自這時期起，官方很少再以紀念章紀念什麼事件。1687年國王自瘻管手術中康復是一個例外，法蘭西學會也特別召開一次會議慶祝此事，其他的慶祝活動還包括國王蒞臨市政廳的晚宴、雕刻（圖49），以及雪片般的頌詩與十四行詩，報紙對這些事都有詳細報導(M. G., March 1687, part 1, pp.7-9, 110f, and part 2)。

　　官方也打造紀念章紀念設置聖路易勳章(1693)，紀念勃艮第公爵的婚禮(1697)、一座國王雕像揭幕(1699)，以及紀念設立貿易顧問委員會(1700)、頒布禁止奢華與乞討的詔令(1700)，以及安茹(Anjou)的腓力接掌西班牙王位(1700)等等事件。我們可以注意到，在這些事例當中有兩個例子，官方是以慶祝其他事物，來間接榮耀國王。

　　路易十四在位後期最值得紀念的事件，都是不幸的事，包括從1693年的饑荒，1702年色芬山地(Cévennes)新教徒叛變，與1709年的嚴苛寒冬，到1711年皇太子和1712年勃艮第公爵夫婦過世(國王對於公爵夫婦之死的反應參看 Gaxotte, 1930, p.158)。在當時的情勢下，沒有什麼可資慶祝的事。百姓需要其他事情來填補他們心中的空虛，或是如蘇維爾這樣的當代人所說，以轉移他們的注意力。

　　設立聖路易勳章是一個重要的事件，此舉明白地把路易十四比為聖路易。自從路易十四幼時，他便常被拿來與聖路易相比(他父親路易十三也是如此)。舉例來說，在1648年8月25日，這位聖人的節日當天，當時年僅十歲的路易十四便在聖安東尼耶穌會教堂，聆

49．路易病體康復。〈國王康復的寓言〉，庫斯圖製，大理石浮雕，1693 年。(Louvre, Paris)

聽有關這位聖人的頌辭。1668 年，學者迪康熱發表了聖路易的中古傳記，題贈國王，並把這兩位國王相提並論。我們已知至少有三幅聖路易的形象，是以路易十四的面貌製作，日期分別是 1665 年、1660 年與 1675 年(Polleross, 1988, fig. 104; Möseneder, 1983, pp.103, 107; Polleross, 1988, no. 555)。

　　路易十四在位期間，這種類比成爲一種制度，聖路易的節日成爲向國王致敬的場合。舉例來說，1669 年時，這種致敬行爲在聖日耳曼成爲一項慶祝活動，當時還演出了一場莫里哀的戲劇(Gazette, 1669, p.859)。法蘭西學會也習慣慶祝 8 月 25 日，獎品是有國王肖像的紀念章，頌辭則結合了對這兩位國王的讚譽(Zobermann, 1985; cf. M. G., 1679, 1681, 1682, 1689, 1693, 1697)。有人爲這場合撰寫聖歌，1703 年的聖路易日，則有一枚紀念章被呈獻給國王(Jascuiot, 1968, plate K)。豎立在普瓦提耶的國王雕像於聖路易日揭幕。曼特農夫人於 1686 年成立的「聖路易的女士」（一所爲聖西爾〔Saint-Cyr〕貧窮貴族婦女所設的學校），跟 1693 年設置的聖路易勳章一樣，都是大潮流的一部分(Neveu, 1988)。凡爾賽宮的禮拜堂也是如此，其中有一個奉獻給聖路易的禮拜堂，描繪了他的一生事蹟。

　　1699 年 8 月 13 日，路易大帝廣場上由吉拉爾東所製作的路易十四雕像正式揭幕，慶祝活動就像慶祝重要勝利一般熱烈。雕像相當巨大。在國王的命令之下，烏阿塞製作了兩幅將雕像運至廣場的繪畫(圖 50、51)。這座雕像在法國大革命時遭到摧毀，不過今日我們還可以看到相關的版畫(圖 52)——勝利廣場上德雅爾丹爲路易十四製作的雕像也是如此——以及小型的複製品(留存下六尊)，這些也都是另一種宣傳品(圖 53)。

　　爲了這尊雕像的揭幕式，巴黎自治市在塞納河畔建造了一座「光

榮神殿」，該神殿矗立於一塊岩石之上——貝尼尼爲國王製造的著名
雕像也是矗於岩石之上——表示通往光榮之路頗多坎坷(圖 54)。此
外還有一場精采的煙火表演，不僅將國王類比成赫丘力士、亞歷山
大、克洛維和查理曼——傳統的國王形象——也以佩爾修斯(Per-
seus)、傑森(Jason)、希修斯(Theseus)、居魯士、狄奧多西、費邊
(Fabius)、龐培、凱撒、奧古斯都與亨利四世來象徵國王。年屆六
十八的耶穌會會員美尼斯特希耶，雖已退休但仍出版了一本附有插
圖的小冊子，以紀念這次慶祝活動(Menestrier, 1699)。

　　美尼斯特希耶也以非正式的方式參與另一件榮耀國王的偉大活
動，那就是計畫已久的路易十四紀念章史。小學會於 1680 年代中期
展開這項活動，起先並無多少進展。1689 年時，與學會並無瓜葛的
美尼斯特希耶出版了他自己的紀念章史——《紀念章與路易大帝的
歷史》(*Histoire du roy Louis le Grand par les médailles*)。這
本書包括了路易十四在位時期，與國內外事件有關的一百二十二枚
紀念章之版畫，以及紀念幣(jeton)和一些榮耀國王的題銘、紋章與
圖案。學會認爲這種出版行爲侵犯到它的專利，而日後的幾個版次
發行時，小學會也曾提出抗議(Jacquiot, 1968, p.cxii)。這件事也讓我們想
到菲雷蒂埃這個人，他搶先法蘭西學會一步，於 1684 年出版了他的
《字典》(*Dictionary*)(比學會早十年)。顯然團隊合作不一定會比勤
奮的個人更有效率。

　　由於有美尼斯特希耶的挑戰，又不用再負責皇家的建築，法蘭
西學會遂開始加快它的腳步。1695 年底，紀念章史已編到 1672 年。
到 1699 年時，國王表示「不耐」，急於想看到官方的紀念章史出版。
1702 年時，皇家出版部門終於出版了一本豪華的對開本，當時正無
戰爭，這種大計畫所需的金錢，比較容易取得(圖 55)。豪華本外，

50.〈1699 年搬運路易十四雕像：離開卡皮欣修道院〉，烏阿塞繪，油畫，約於 1700 年。
(Musée de la Ville de Paris, Musée Carnavalet)

51. 〈1699 年搬運路易十四雕像：抵達文當廣場〉，烏阿塞繪，油畫，約於 1700 年。(Musée de la Ville de Paris, Musée Carnavalet)

STATUE EQUESTRE DU ROY
Eslevée a paris en la place de leur le Grand par les soins de M.rs les preuost des Marchande et L'echeuains.

52. 巨大的雕像。〈國王騎馬雕像〉，吉拉爾東所製雕像的版畫，作者不詳，約於 1697 年。(British Library, London)

還有一種較便宜的的四開本。《路易大帝時期重要事件紀念章》
(*Médailles sur les principaux événements de Louis le Grand*)
(「歷史」這個字並未出現，顯然是要有別於美尼斯特希耶的作品)，
包括有二百八十六枚以編年順序編排的紀念章版畫；某些紀念章之
所以不獲採用，是由高層人士所決定的。註解的文字不但有紀念章
圖像的描述，還有紀念事件的「歷史說明」。換句話說，這本書提供

53. 一個袖珍的複製品。〈騎馬的路
易十四〉，路易大帝廣場雕像模型，
1691 年。(The Metropolitan Museum
of Art, New York, Hewitt Fund, 1911)

了許多皇家史官該做但始終未做的，也就是路易十四在位時期的官
方歷史。總監們奉命把這本參考用書置於他們的書桌上。

　　這本書再版時，國王本人也參與了校訂的工作，這回收入了三
百一十八枚紀念章，但他來不及見到成果。等這本書在 1732 年出版
時，路易十四已過世八年。書中的最後兩枚紀念章，便是紀念國王
逝世。

54.〈光榮神殿〉，蓋拉爾繪，收錄於美尼斯特希耶的紀念章史，版畫。(British Library, London)

55.〈爲慶祝路易一事慶祝〉。學會出版紀念章史之卷頭插畫，1702 年，路易·賽門諾以夸佩爾畫爲本所製版畫。（British Library, London）

最後幾幕

　　直到生命的末期，路易十四仍在表演，在幾幅病危的畫中，國王向他的朝臣道別，並提供建議給他五歲大的曾孫，也就是他的繼承者。最令人印象深刻的是他所說的：「我太愛戰爭了，這方面不要學我，也不要學我花錢，我花得太過浪費。」(Louis XIV, 1806, 3, p.492)

　　有關國王葬禮的官方敍述，令人覺得頗爲氣派。這次典禮原應更爲隆重，因爲自從 1643 年起，法國便無國王過世。不過，根據當代目擊者的描述，民眾與其說是高興，倒更像是喘了口氣(N. R. John-son, 1978, p.100)。

　　關於路易的葬禮演說至少有五十場(Hurel, 1872, p.xxxixn; N. R. John-son, 1978, p.78)。這讓神父們有個難得的好機會，他們可以概述路易的統治，卻不用擔心被他聽見。有一些神父寧願將重點放在國王逝世之上，將之描述爲天主教徒的幸福安息，也是富於勇氣與堅毅的「莊嚴景象」(Mongin, 1716, p.3)。有些人則比較重視路易的一生與其執政表現。他們批評他的道德，特別是他年輕時「受欲望奴役」。也有人提到「太過頻繁的戰爭，使法國蒙受災難與痛苦」(Quiqueran, 1715, pp.18, 27)。

　　不管怎樣，這些佈道的一般語氣都是勝利高昂的，講壇上的佈道甚至令人想到法蘭德斯的勝利以及阿爾及耳和熱那亞的屈辱。也有人提到路易十四喜愛藝術。當然，已故國王對宗教的熱忱，以及他在慈善方面的作爲(比較明顯的是巴黎的傷殘官兵療養院〔Invalides〕與聖西爾的學校)，更受到極度的阿諛與讚揚。

　　國王的最後遺囑(1714 年立於馬利)，以及他於過世前幾天所

56. 被打入冷宮的路易。〈格
爾聖的招牌〉分圖，華鐸繪，
1712年。(Schloss Charlotten-
burg, Berlin)

寫，準備在 1727 年皇太子十七歲生日時交給他的信函，呈現了國王
最後的形象(Gaxotte, 1930, p.186)。信中他勸告未來的路易十五，永遠不
要與羅馬斷絕往來，要愛好和平甚於戰爭，並降低賦稅。我們是該
把這些話當做他承認他自己犯錯，還是視爲他想讓後代對他有好感
的計謀？

　　如果是後者的話，他似乎不太成功。國王過世之後，出現了一
大堆不敬的批評(見第十章)。攝政時期的氣氛，顯示出對已故的路
易頗爲不滿。華鐸(Jean Antoine Watteau)所繪關於藝術銷售商商
店的那幅名畫(圖 56)可以說是很適切的象徵，畫中已不再具市場價
值的路易十四肖像畫，正要被塵封於地窖之中(Rave, 1957; Le Roy Ladur-
ie, 1984)。

第九章

形象再現的危機

歲月流轉，物換星移，將使人移忘與改變。

——畢格農

　　在官方所再現的國王形象與當代人(就算他們對國王有好感)眼中的國王之間，存在著令人尷尬的矛盾。這種矛盾現象當然不是只發生在路易十四身上，但這些矛盾使藝術家、作家及其他與「處理」國王形象有關的人，在製作國王形象時，更覺困難。

　　舉例來說，路易的身高並不高。他只有一百六十公分(五呎三吋)。官方設法以各種方式，掩飾在他實際身高與他所謂「社交身高」之間的差距。他的兒子就長得較高，但通常皇太子的身高「在繪畫與版畫中，並不顯得突出」(Hatton, 1972, p.42)。路易十四的假髮和高跟鞋(圖1, 57)使他看來較具威嚴。假髮還有一個功用，由於路易十四在1659年生病時落了許多頭髮，假髮足以掩蓋這種尷尬。雖然路易十四似乎並不介意畫中的他顯示出他的真實年紀，或牙齒脫落的事實，但他的肖像畫還是比本人好看。

57. 一項歷史性的研究，蒂提馬希(薩克萊)著《巴黎素描》卷頭插畫,1840 年。(British Library, London)

　　還有另一件事值得注意。在我們之前提到的一些例子裡，有關國王行為的官方敍述與得自其他來源的消息間,存在有明顯的矛盾。無敵英雄的神話顯然與法軍的敗績不符，研究官方媒體如何處理——或未能解決——這種問題，便極具意義。某些事件在當時受到慶祝，之後又被壓制下來，譬如法軍摧毀海德堡之事便是如此。畢格農(Bignon)修道院長(官方檢查官，日後出任法國所有學會的總會長)便說得很謹慎:「政治局勢的改變，可能會使我們有必要隱瞞或更改」某些消息(Jacquiot, 1968, p.cviii)。

　　我們也發現與隱瞞事實相反的事，換句話說，就是慶祝根本沒有發生過的事，亦即美國歷史學者布爾斯廷(Daniel Boorstin)所謂的「假事件」(Boorstin, 1962)。1670 年左右，勒克萊爾(Sébastien Leclerc)製作了路易拜訪科學院的版畫(圖 18)，但拜訪一事其實子

虛烏有(Hahn, 1971)。

　　這些例子顯示出有關統治者的官方描述中，那些所謂「經常性」或甚至是「正常」的問題。不過，在十七世紀後半期，又產生了另一種問題，或另一堆問題。我將賦予這些問題一個或許頗爲戲劇性的名稱，即十七世紀「形象再現的危機」，並將這問題分爲兩部分，其一是古典文化的衰落，其二則是類似關係的衰微。

　　一般說來，在討論十七世紀法國的古典與現代衝突，或斯威夫特(Jonathan Swift)所謂的「書本之戰」時，便會涵蓋到古典這種文化模式的衰落情形。及至 1680 年代末期，古典與現代的衝突已臻於高峯。布瓦洛與拉封登屬於支持古典的那一方，佩羅兄弟與豐特奈爾(Fontenelle)則支持現代(Gillot, 1914a; Jauss, 1964; Kortum, 1966)。這場辯論的主要主題是，古代文人──尤其是魏吉爾和賀瑞斯(Horace)──是否優於現代文人。這種討論很自然便會擴充爲現代文化──含科學──是否優於古典文化。其他問題還包括是否應該以後古典英雄(例如克洛維與查理曼)做爲詩歌和戲劇的主角，是否該在紀念建築物的題銘上使用現代語言，這些紀念建築物上是否該出現現代武器(毛瑟槍、炸彈等等)，描繪諸如國王等當代人物時，他們是否該身著現代服裝(Blondel, 1968, pp.167ff, 174; Perrault, 1687; Hall, 1987)。結果是支持現代的這一派獲勝，因爲另一派的領導人布瓦洛，最後終於接受了他們的看法。

　　這些爭論並不只具有表面上的意義。參與爭論的人很清楚這些事情的政治涵義。如果路易大帝的時代凌駕於奧古斯都的時代，路易也就優於奧古斯都。佩羅甚至批評亞歷山大「極爲驕傲」，奧古斯

都「殘忍」(Michel, 1987, p.146)。羅浮宮的廊柱之所以採用新式的「法式」圓柱，而不採用希臘傳統的多利安式、愛奧尼亞式，或科林斯式圓柱，並非只是基於表面上的美學考量，而是有其政治義涵。的確，這是一項政治訊息。

就表面來看，支持現代的一方獲勝，也代表了路易十四獲勝。畢竟這一派的主要人物是考爾白的人馬 (A. Niderst, in Godard, 1987, p. 162)。不過，由於再現君王形象與古典傳統有密不可分的關係，只要古典的地位受到動搖，藝術家與作者也會遭遇困難，如布瓦洛為頌揚 1672 年戰役所作〈第四封信〉的主要主題則失其依憑。

第二個問題是類似關係與所謂「有機式類似」(organic analogy)的衰微，當時西方的知識分子已經把世界看成一部巨大的機器。研究科學、哲學、文學和政治思想的史學家都清楚這個問題 (Gouhier, 1958; Foucault, 1966)。事實上從 1930 年代起，這個問題便受到討論 (Borkenau, 1934; Hazard, 1935; Gusdorf, 1969)，同時也吸引了藝術史家的部分關注 (Simson, 1936; Sedlmayr, 1954; Bryson, 1981)。不過，就我所知，這些討論並未與國王的形象分析扯上關係。

中古與文藝復興時期的君主神話，相當仰賴傳統的世界觀與心態。如果這時期的某位君王被再現為(譬如)赫丘力士，那不僅是暗示他很強壯，更代表他將能夠像赫丘力士那般，輕鬆解決其王國的問題。兩者之間的關聯──或者說「類似」關係(如王國─船(圖 20)、國王─父親、行政組織─人體結構、人類社會─宇宙之間的類似關係)──並不只是一種比喻(Kantorowicz, 1957; Archambault, 1967)。將統治者視同赫丘力士，仿彿便能將後者的光環奪取過來。這麼講並不是很精確，但在談論這種與潛意識較有關聯，而與意識較無關聯的過程時，本來就不容易說得很精確。

　　人們並不認為這種想法沒有根據，也不認為這種想法是虛幻捏造的。當時的人們認為這種類似關係，是一種客觀的事實。政治主張也接受這種類似關係，並不質疑其真實性。舉例來說，「尊敬你的父母」這條戒律便同時禁止子民抗拒國王(Schochet, 1957)。我們因此可說，當時的人們擁有一種「神祕心態」，這與二十世紀初期法國哲學家兼人類學家李維布留爾(Lucien Lévy-Bruhl)所提出的「神祕參與」觀念頗為類似。在李維布留爾使用「神祕」一詞時，他指的是看不見的關聯或同一性，就像某個部落把雙胞胎視為同一或把某些鳥視為同一(Lévy-Bruhl, 1921)。

　　我們可以從把國王與王國視為配偶的那種神祕的結婚觀念中，看出當時人們的這種神祕心態。(如我們在第三章中所見)法國國王的加冕禮便含有這種觀念。在與國會衝突時，詹姆士六世與一世都引用了這種觀念，好像這種觀念是不證自明的：「我是丈夫，整座島都是我的合法妻子。」國王與太陽間的類似關係，也是「神祕的」──無法察知──這種類似關係展現了將政治秩序「自然化」的重要機能，換言之，即使政治秩序像自然秩序一般具必然性又毫無疑問。

　　十七世紀時，在西歐的某些地區(至少在法國、英國、荷蘭與義大利北部)的某些菁英分子當中，發生了一場知識革命，這場革命動搖了這種神祕心態的基礎。這場革命與笛卡兒(Descartes)、伽利略(Galileo)、洛克(Locke)和牛頓(Newton)關係最密切，但一些較不重要的人物也參與了此事。

　　我們並不打算詳細討論這場知識革命的起源與影響，或這場革命與經濟、社會改革間的關係──例如從封建制度轉化為資本主義。我們也不討論這場知識革命與更早期的知識運動間的關係──例如

與十四世紀哲學家奧坎的威廉(William of Ockham)有關的知識
運動，就知識與社會方面來說，那都是一個狹隘的運動。我們在此
將只討論這場革命的一個重要影響，即所謂的「魔術效果減低」，菁
英分子對這種魔術的效力愈來愈懷疑，這是世俗化運動的一部分，
也是韋伯(Max　Weber)所謂「世界解除魔咒」的一部分(Thomas,
1971)。

　　這種新的心態是基於把世界視為機器的觀點，而非把世界視為
一個有機體，或「動物」。新的宇宙是笛卡兒所謂的「撞球宇宙」
(billiard ball universe)，在這個宇宙中，除非受到其他東西的影
響，否則不會有任何物體移動，如巴斯卡所言，上帝動了一下他的
指頭，一切開始運作。

　　在這種新的心態中，「類似」這個觀念的地位改變，也同樣重要：
這觀念不再指「類似」的兩物之間，存在有客觀的相同之處，這觀
念淪為沒有事實根據的主觀隱喻。象徵的使用顯得愈來愈主觀。隨
著這項改變，有些事物也愈來愈沒價值，淪為「不過是」隱喻、象
徵與儀式。由於這個理由，我們常將這場知識革命形容成「實事求
是精神(literal-mindedness)的上揚」，不過，精確一點的陳述，該說
人們愈來愈察知在實際意義與象徵意義間的差距(Cf. Burke, 1987, ch. 16;
and Burke, 1990)。便是在這個時候，赫丘力士這用語淪為僅只是力量的
表達或勇氣等等，好像觀眾與讀者比較能接受抽象觀念，而非神話。

　　簡單來說，比較抽象的思考形式取代了比較具體的思考形式。
我們有必要強調「形式」(form)這個字。我不否認經驗主義在十七
世紀的重要性，也不否認注重自然世界具體事物細節的重要性。我
要說的是，比較抽象的範疇正在取代中古和文藝復興時期思想中的
類似觀念。隨著這些改變，人們也愈來愈相信合理性以及(我們可以

簡單稱其爲)「文化相對主義」——換句話說，也就是認爲特殊的社會與文化狀況，並非上帝的安排，也不是必須的，而是仰賴相關聯的其他因素。這些狀況各地不同，也可以予以改變。

可能到 1700 年時，在西歐只有少數知識分子以這種方式改變了他們的世界觀，但這項改變的影響卻相當深遠，審捕女巫的行爲逐漸沒落，人們也逐漸放棄以宗教方法對抗瘟疫。儀式的意義被重新界定，比較明顯的是路易十四在位時一位法國本篤會(Benedictine)修士維爾(Claude de Vert)所做的研究，這研究提出了關於儀式所謂的「實際上的」解釋，這是一個與剛才提到「實事求是精神」有關的良好例子。

舉例來說，彌撒時爲何神壇上要放有蠟燭？根據十三世紀時杜蘭德斯(Durandus)所陳述的傳統理論，蠟燭表示基督是世界之光。另一方面，維爾則不接受他所謂以「神祕性」解釋取代歷史性解釋的做法。據他認爲，由於以往彌撒是在地下墓穴中進行，蠟燭是不可或缺的必需品，雖然目前已不需要蠟燭，但習俗卻留傳了下來(社會學家稱這種過程爲「文化差距」〔cultural lag〕) (Vert, 1706-13)。

這場知識革命對政治與宗教造成極大的影響。統治者失去了一大部分波笛爾(Pierre Bourdieu)所謂的象徵資本(symbolic capital) (Bourdieu and Passeron, 1970)。這種影響顯現於洛克的著名批評之中，他批評國王與父親間的類似關係，根據菲爾莫(Robert Filmer)爵士所寫的《家長》(Patriarcha)一書，這種類似關似是合理的，而洛克便是想要動搖這本書的論調(Locke, 1690, l, 6, p, 65)。簡言之，國王失去他們的象徵外衣。他們變得既不具神話性(demythologisation)，也不復神祕。

基於這個理由，或許我們可以採用哈伯瑪斯(Jürgen Haber-

mas)所謂的「合法性危機」(legitimation crisis)來描述這個時期。
雖然查理一世正好在這時期丟了他的腦袋，但並不是說在十七世紀
中葉，歐洲統治者已失去了他們的合法性。不過，我認為有一種重
要的合法性形式，確已失去效力。

這跟路易十四的形象有什麼關聯？如我們所見，跟其他的君主
一樣(或許比他們更進一步)，路易十四被以家長政治和父權政治的
詞彙描述為他人民的父親。他被描繪成聖路易、赫丘力士、阿波羅
或太陽。他被描述為一位神聖的統治者，他的觸摸具有神奇的治病
功效。

這種能力顯然與笛卡兒和伽利略的機械式宇宙並不相容。孟德
斯鳩在路易十四過世後幾年所出版的《波斯書簡》(*Lettres　Per-
sanes*)中，便嘲笑這種觀念，書中那位波斯訪客在家書當中，將法國
國王描述成「一位偉大的魔法師」(Montesquieu, 1721, lettre 24)。路易十
四的問題是，他是處在這個日趨世俗的世界中的一位神聖統治者。
他被視為太陽，但在那時期這種視為同一或類似關係的邏輯正受到
質疑。皇家回憶錄解釋說太陽是適當的君王形象，因為太陽是天體
中「最崇高的」。到這時，伽利略已提出有力的主張，反對以「崇高
的」或「完美的」這種道德用語，來描述無生命的物體。

國王周遭的人並非不明白這種知識革命。畢竟當時最傑出的文
化相對論者之一，拉莫斯勒菲耶(La Mothe Le Vayer)便曾經是國
王的教師。菲雷蒂埃在他著名的《字典》中，為象徵下了一個簡化
的定義，但他也曾經寫詩頌揚國王。1666年成立科學院，便是為了
要製造國王贊助學術的形象。佩羅兄弟涉足新科學，也從事為路易
十四製造官方形象的工作。查理‧佩羅排斥某些古典神話，認為它

們不過是只適合小孩的寓言(France, 1982)。豐特奈爾不但借用古典神話，撰寫為國王宣揚的歌劇，也撰寫論文削弱神話的力量，將其貶為寓言。在路易十四過世之後，他發表了〈寓言起源〉(L'Origine des Fables)這篇論文，不過他似乎早已寫好。

這些為國王處理形象的人該怎麼辦？他們當然可以繼續裝做什麼都沒發生。波舒哀便是繼續把君主描述為聖者，像父親一般，路易也繼續觸摸病患(1697年復活節時，他觸摸了兩千多人，四年後則觸摸一千八百人)(Le Roi, 1862, pp.234, 247)。在凡爾賽宮，國王起床的儀式依然與日出一致。而法國各大學則禁止教授笛卡兒的學說(這決定似乎是出於國王本人之手)(Sagnac, 1945, 1. p.87)。

形象再現的危機，也反映在官方的其他行為上。在路易統治時期，國王觸摸病人時所說的話，便有所修改。以前國王說：「國王觸摸你，上帝治療你。」(Haueter, 1975, p.250n)修改過後的話比較謹慎：「願上帝治療你。」(Bloch, 1924)

從1680年左右起——如果不是更早——路易與他的顧問便採行了一個新戰略(Cf. Apostolidès, 1981)。雖然他們依然使用太陽這個圖樣，但這圖樣卻已不像在1650年代與1670年代的芭蕾中，那般重要。如我們所見，提到亞歷山大與奧古斯都的次數愈來愈少。1679年時，鏡廳內以赫丘力士為重心的神話式設計遭到棄置，改為再現國王自己的事蹟。這時期製作的紀念章，也是直接再現國王，而非以寓言再現國王。由此可見，1680年左右官方宣傳停止使用古典神話一事，意義重大。

路易的新神話仰賴新的修辭法，這種修辭法是現代的，而非古典的；實際的，而非寓言的(Cf. Klaits, 1976, pp.293-5)。早期用來紀念國王事蹟的紀念章，其上的題銘是仿自羅馬皇帝的題銘。不過，現在

58.〈兩百萬名喀爾文教徒回歸教會〉，紀念章正面，1685 年。
(Cabinet des Médailles, Bibliothèque)

在紀念章中卻開始出現統計數字。於 1672 年到 1700 年間打造的紀念章中，有二十二枚的題銘中包含數字。「一個月內皇太子拿下萊茵河上二十座城鎮」(1688)；「佔領八十個城市」(1675)；「建築三百座教堂」(1686)；「俘虜七千名戰俘」(1695)；「六萬名水手入伍」(1680)；以及「兩百萬名喀爾文教徒回歸教會」(1685)(圖 58)。這些題銘若視為標題，會令人想到二十世紀的報紙。(*Médailles*, 1702, pp. 121, 126, 138, 143, 148, 179, 183, 199, 206, 210, 213, 223, 224, 226, 232, 240, 244, 249, 260, 263, 271, 283)那畢竟是考爾白與沃邦(Vauban)的時代，他們是蒐集統計資料的專家(King, 1949)。

　　這種趨勢不僅在法國出現。英國也有他們的統計專家，或十七

世紀所謂的「政治算術」專家: 配第(William　Petty)、金恩(Gregory King)、格勞恩特(John Graunt)。十八世紀初, 華波爾(Robert Walpole)爵士便曾表示, 英國的下議院在聆聽演說時, 把「算術數字」看得比「修辭比喻」更重要。

我們也可以說, 法國政府爲了再現路易十四形象所付出的龐大力量, 所製作的高數目紀念章、雕像、掛毯等等(尤其是路易十四在位後半期), 都是針對形象危機的回應行爲, 更精確地說, 是爲了應付一連串的危機。

首先, 最明顯的是投石黨時期的政治危機, 這事件與所謂的全面性危機──至少與一連串的歐洲叛亂──同時出現, 這些叛亂使1648 年如同 1848 年般, 成爲充滿革命的一年。其次是路易十四在位後期的政治危機, 那時法軍作戰不如以往順利, 經濟問題也較以前嚴重。第三, 則是對於國王英雄形象日益增加的投資, 與形象再現的危機之間有著某些關聯。如一位著名的政治傳播分析家拉斯韋爾(Harold Lasswell)所說:「一個基礎穩固的意識形態……並不會從事大量有計畫的宣傳, 以求自保……。當人們開始思考要以什麼方法和工具來說服百姓時, 百姓的信心已然凋萎。」(Lasswell, 1936, p.31)

第十章

紀念章的反面

祖父愛吹牛，
兒子低能兒，
孫子膽小鬼，
哎！什麼天才家庭！

——作者不詳，約 1708 年

　　路易十四流傳在外的形象，並非只是那些英雄式的形象。如路易十四在位末期的一篇詩稿所指出，還有「紀念章的反面」(Raunié, 1879, I, pp.46-9)。這位太陽王有不少負面形象留存下來，這些形象不像官方製作的那般奉承(這些負面的宣傳小冊通常都是匿名發表，詳見附錄三)。路易有時候被再現爲——譬如荷蘭藝術家胡格(Romeyn de Hooghe)的作品——使太陽馬車失控的費頓(Phaeton)，而非阿波羅。對某些批評者來說，他不是奧古斯都，而是尼祿(Nero)。對熟悉聖經的新教徒而言，他不是所羅門王或大衛王，而是希律王(Herod)或法老。跟官方的頌揚一樣，他的負面形象也是由一些普通的事物組成。不

過，在詆謗路易十四之時，個人也巧妙地在一般主題中發展出獨創精緻的變化。

不管「紀念章的反面」這個講法適不適於描述那些諷刺或顛倒黑白的文章與圖像，但從嚴肅的分析角度來說，這講法當然是太過模糊。我們有必要將這些異議，至少分成兩類。

第一類是出自那些自認為——或至少表現出——忠於法王的個人，他們像比西-拉布丁一般，開宮廷一些無傷大雅的玩笑，或者像費奈隆(Fénelon)總主教那樣，提供國王一些逆耳忠言。第二類不同的聲音，則是來自公開反對國王及其政權的敵人，這類人當中，有許多在寫作之時，他們的祖國(英國、荷蘭、神聖羅馬帝國)正與法國交戰。法國新教徒起先走第一種路線，但卻漸漸偏向第二種路線。

這些不同形象所藉以傳播的媒體包括繪畫、紀念章、版畫、詩歌，以及各式散文(不只是用法文，還有拉丁文、荷蘭文、德文、英文和義大利文)。路易不是唯一的目標。他在位期間，這些諷刺作家也把矛頭指向奧地利的安娜、馬薩林、考爾白、盧瓦、曼特農夫人、勃艮第公爵、國王的告解神父拉歇茲(Père La Chaise)，以及他手下一些較不順利的將領，譬如維勒魯瓦(Villeroi)。

這些文章的形式、風格和語氣差異甚大。有一些只是簡單的指責：「法國暴君」、「法國的馬基維利」、「法國阿提拉」、「法國的尼祿」等等。不過，這時期的眾多諷刺類型，大多都受到攻擊者採用，他們尤其偏愛各類遊戲詩文。

舉例來說，有一則模仿主禱文的遊戲詩文(在歐洲近代初期，這種遊戲詩文在通俗文化中，頗為常見)。「我們住在馬利的父親，您的名字並不神聖，您的王國幾乎消逝，您的願望不再實現……」(Cf. Burke, 1978)。在斯居代里小姐和拉法葉(Lafayette)夫人的羅曼史時

代，模仿羅曼史的作品並不罕見。其中一首描述「偉大的武士拿森尼爾斯(Nasonius)」——換言之，就是拿索(Nassau)的威廉——對抗「大力士巨人加利諾(Galieno)」，「有些人也稱他為葛蘭迪西莫(Grandissimo)」(*An Historical Romance*)。

另一個受歡迎的遊戲詩文類型是模仿遺囑。例如「路易大帝遺囑」以及以馬薩林、布瓦洛和盧瓦等人之名所寫的政治遺囑。另一種是模仿外交報告，譬如《法國御前會議報告》。我們也發現模仿教義問答、模仿路易告解、模仿法國國王婚禮、模仿開給路易服用藥丸的醫藥說明——根據這敍述，他在服用這種藥丸之後，會將他的勝利嘔出。還有模仿墓誌銘，這在 1715 年尤為風行。這些人也不止一次使用了夢境架構，譬如說描述馬薩林的鬼魂前來拜訪路易十四，曼特農夫人第一任丈夫斯卡龍(Scarron)的鬼魂，前來拜訪她(圖63)。

這些文章的語氣從說教到譏諷都有，文章的風格包括文雅的《偉大的阿爾坎德的愛情勝利》，也有喧鬧粗俗的《法國國王婚禮》——這本書中聲稱描述「路易十四與曼特農夫人——他新近的「國之駕馬」——令人發笑的追求與叫春事蹟，和他們那令人驚訝的婚禮」。這些文字工作者有的採行直接攻擊，有的則撰寫只有少數人才能明白的、暗示性的「祕史」。

這支異議管弦樂團的主旋律有時並不一致，主要的攻擊主題是路易十四的野心，不道德，違背宗教信仰，暴政，虛榮等等。攻擊者也常說他在軍事、性和智力三方面的能力都不足。讓我們先簡單地逐一討論這六個主題，(像在前幾章中建立國王的正面形象一般)組合國王的負面形象，然後再將這些訊息發送者的不同觀點予以澄清。

1. 批評路易十四的人常提到「他無法饜足的野心」(Nero)。一般性的道德批評都可歸結到名為《國之盾》(Le Bouclier d'Etat)著名小冊中的一項特殊政治聲明。該書於 1667 年出版，且經常被引用。這項聲明說路易「有深遠的計畫」，想要成為「歐洲的主人」，並藉此成為一位「宇宙君主」。批評者非常反對路易十四達到這項目標的方法及目的。據一位批評者所說，路易十四在位時的事件就像「栩栩如生的聖經，從中可清楚看出**路易大帝犧牲一切以追求野心與利益**(編按：原文以大寫字母表示)的真實性格」(Present French King)。我們應該注意其模仿官方出版品中以大寫字母表示國王之名的排版方式。有關國王野心最生動的描述，是一張印刷品，圖中路易十四身著偷來的衣服(圖59)。

2. 經常有人指責路易十四不道德，一些小冊子的作者認為他之所以道德不佳，是因為「國家利益」的教條及馬基維利(Machiavelli)的觀念，據信這些觀念是馬薩林紅衣主教傳授給路易十四的：「我試過馬基維利的所有政策，且抗拒了所有的宗教障礙。」(The French Tyrant)馬基維利建議君主們拋棄誠信：批評者指責路易「破壞誓言」、「詭詐」、「欺騙」，這些人將他廢除南特詔令的舉動，表現為對法國新教徒的背信行為(The French Tyrant; Nero)。他們也指責路易違反國際法，因為他「侵略、焚燒、破壞、掠奪。劫掠屠殺愛好和平、信奉基督的鄰國人民」，批評人士尤其痛斥法軍進犯帕拉庭納特(Palatinate)的「殘忍野蠻行為」(Nero; Politique Nouvelle)。這件事被描述為「比土耳其、蒙古還要惡劣、野蠻的殘忍行為」，有一本斥責這次出兵的德文小冊子，其標題是「法國的國家利益」(Bombardiren, p.11; Französische Ratio Status)。

59.〈篡奪者路易〉，作者不詳，荷蘭版畫，製於十七世紀初。(私人收藏)

3. 另一項常見的指責是虐政，這項指責最早出現於 1689 年最著名的反皇小冊子之一《法蘭西奴隸之歎》（*Les soupirs de la France esclave*），其他地方也經常應和這個論調，較出名的是一本名為《法國暴君》(1702) 的英國小冊子。書中描述說路易十四國王絕對、隨興又專橫的權力不斷成長，相對的，法國新教徒的自由，貴族、巴黎最高法院、市民，最後還有人民的自由，都遭到毀滅。路易被描繪成「在這個世界舞臺上，一位不虔誠、殘忍、壓迫他人、又暴虐的偉大演員」(*Nero Gallicanus*)。有時他也被描述為「稅負之王」、「農民稅之王」等等。

4. 路易十四所受到的第四項譴責是他不信仰宗教。在某本小冊子裡的路易曾說（舞臺上的馬基維利也曾這麼說）：「我們認為宗教不過是騙人的把戲。」(*The French Tyrant*) 國王缺乏信仰一事，當然是以他迫害法國新教徒的行為（「我騎兵們的娛樂消遣」）做例子(*Ibid*)。反對他的人聲稱路易十四與非基督教國家鄂圖曼帝國聯盟，表示他不信仰基督。在一枚諷刺的紀念章上，路易十四與鄂圖曼的君主蘇里曼三世(Suleiman III)、阿爾及耳總督，還有詹姆士二世等人互結聯盟，下方寫有「反基督精神」（圖 60）。該枚紀念章的反面是魔鬼的圖像，題銘為「聯盟中的第五位」。另外有兩本書的書名，也以嘲弄的語氣指出這種聯盟，這兩本書分別為《最虔信基督的土耳其人》(1690)，與《路易十四的可蘭經》(1695)。法國官方所宣揚的太陽王，也被拿來做為不信的例子，指責路易十四褻瀆，是異教徒。

5. 這種太陽王崇拜也讓與國王敵對的形象製造者，有機會攻擊他們所謂路易十四「強大的虛榮心」(*Soupirs*)。有一本德文冊子便是以這主題為重點，書名是《自我詡揚令人鄙夷》。這項譴責以

60. 反抗基督的路易。〈反基督精神〉, 紀念章的反面版畫, 摘自僞造美尼斯特希耶的「國王史」, 1691 年。(British Library, London)

國王的「奉承者」所提出的「過度讚揚」做爲例子。這些奉承者以詩、歌劇等諂媚路易,「將他比爲太陽, 激起他的野心。」(*The Most Christian Turk*)冊子中也提到路易耗費鉅資, 虛榮地建造凡爾賽宮, 還提到路易的雕像, 特別是豎立於勝利廣場的雕像。

6.相對於官方宣傳, 反對者強調這位凡人的許多弱點。斯潘亨和聖西門說他智力平庸, 但這項攻擊並未出版。斯威夫特在文章中提到國王的「惡疾」──換句話說, 就是他的瘻管──這在當時是較少見的攻擊方式(Swift, 1691)。小冊子的作者們喜歡攻擊國王在軍事與性方面的表現。這兩個主題事實上甚有關聯, 有一句嘲弄語說:「你逃離戰爭, 追逐女子。」(*Remarques*)在一幅版畫上, 路易與他的女眷一起撤逃(圖 62); 有一枚紀念章則再現路易十四待在戰車上,四位女子正把這戰車拖離前線(尼德蘭某

61.〈我到，我見，但我不能征服〉，紀念章反面，1693 年。
(Dept of Coins and Medals, British Museum)

處），朝凡爾賽宮離去。路易十四被描繪成一位害怕戰爭的人，這與官方所再現的國王英雄形象恰恰成對比。這枚繪有四名女子，題銘爲「我到，我見，但我不能征服」的紀念章（圖 61），其上的題銘不只改寫了凱撒的名句，也參考了 1662 年騎兵競技表演中，路易盾徽上的題銘，「我看見，我征服」。

《偉大的阿爾坎德的愛情勝利》一書的主要主題是，路易的做愛能力強過他的作戰能力。地點依然是尼德蘭，主角的名字「偉大的阿爾坎德」，則是惡意影射斯居代里小姐小說中，把路易十四比成亞歷山大的那項恭維。戰爭成爲性的隱喻。故事的重心落在國王的四位情婦身上，她們是拉瓦利埃（被描述爲「一位平庸的美人」），蒙特斯龐（她還有其他情人），豐坦吉（Fontanges）與曼特農夫人（圖 63），「她現在扮演故作守禮的

62. 喜愛女人的路易。〈路易帶著他的後宮一起撤退〉, 作者不詳, 版畫, 1693 年。(Department of Prints and Drawings, British Museum, London)

人」(*Grand Alcandre*, in Bussy, 1930, p.178)。結論是「偉大的阿爾坎德雖然地位比其他人要高，個性與普通人卻沒有什麼差別」(Ibid, p. 12)。今天，這樣的結論頗為平淡，但在當時，正當官方努力要把國王塑造為一位英雄時，這種結論便顯得相當反動。

軍事隱喻也再度出現於《路易大帝的新歡》，書中路易十四跪在他新發現的聖特隆夫人(Mme de St. Tron)面前(圖64)。當他聽到戰場上最新的失利消息之時，國王承認他喜愛維納斯，勝於戰神，曼特農則語帶尖刻地告訴他：「陛下在穆東(Meudon)、在馬利、在凡爾賽宮都不會戰勝。」(*Nouvelles Amours*, pp.36, 122)戰爭再一次成為性的隱喻。另一方面，在《法國國王婚禮》中，性成為戰爭的隱喻。在這本冊子中——奧德納爾德會戰那一年——路易不是被描述成一位玩女人的人，而是一位性無能的昏瞶老頭，一位「又老又笨拙的君主」，在性與軍事方面都失利：

> 戰爭這瘟疫與路易的妻子都同意
> 要國王盡快打包離去；
> 你不能讓你的配偶得到內在滿足，
> 她總是覺得空虛。

該書提到曼特農時，稱她為「妻子」，顯示國王的第二次婚姻，已經是一件公開的祕密。

就跟我們在處理國王的官方形象時一樣，我們應該注意這些反對者是以何種方式再現——捏造——特殊事件。當然，反對者是一

63. 曼特農受到攻擊。《斯卡龍前來找
曼特農夫人》卷頭版畫，1694年。
（British Library, London）

64. 低聲下氣的路易。《路易大帝的新
歡》卷頭版畫，1696年。（British Library,
London）

定會打造紀念章來紀念法軍在布倫亨、奧德納爾德、拉米伊等地的失利。事實上，一本關於 1708 年至 1709 年戰役的紀念章史，於 1711 年在烏特勒支(Utrecht)出版(Chevalier, 1711)。當法軍於 1695 年失去那慕爾時，英國詩人普瑞爾(Matthew Prior)模仿三年前布瓦洛在法軍拿下那慕爾時所寫的詩句，也寫了一首詩慶祝此事。

如果我們從一些比較曖昧的事件，或杜撰的事件開始研究，譬如說從那枚呈現出四位女人把路易拖離戰場的著名紀念章開始著手，我們可能會較有收穫。這枚紀念章的圖樣靈感，顯然是得自於權利轉移戰爭，當時路易不但把皇后帶去參加尼德蘭的戰役，也帶拉瓦利埃與蒙特斯龐隨行(Wolf, 1968, p.261)。

另一個竄改事實的例子，便是路易與土耳其帝國聯盟的假象。1681 年時，神聖羅馬帝國皇帝李頗德(Leopold)處境窘迫。路易十四併吞史特拉斯堡，匈牙利人反叛帝國統治，土耳其人利用這個機會在貝爾格勒(Belgrade)聚集了一支部隊，準備進攻神聖羅馬帝國。實際上路易並未與土耳其人聯盟。不過，儘管教皇向他求援，在土耳其軍隊圍攻維也納時，他也不曾提供神聖羅馬帝國皇帝任何幫助。路易十四與土耳其聯盟的可怕假象，便是起源於此(Cf. ibid., pp. 505f; Köpeczi, 1983)。

至於廢除南特詔令一事，便毋須捏造。對荷蘭、英國與德國的宣傳人員來說，這事件本身是一個天賜良機。他們只需描述並譴責「法國自古以來最殘忍、最凶狠的一次迫害」，他們攻擊得不遺餘力，發行了紀念章、印刷品與許多小冊子(Menestrier, 1691, p.39)。

當然，法國官方媒體已慶祝了這些事件。路易的兩種對立形象，英雄與惡棍，值得我們進一步注意。

反對路易十四的人，當然會刻意強調法國官方視為禁忌的那些

話題，尤其是國王的情婦和他祕密的第二次婚姻。儘管路易十四的正反形象差別明顯，這兩個對立陣營的藝術家與作家卻一再選擇相同的主題，製作相反的形象。如我們所見，反對國王的那些人，大量使用模仿。他們模仿一些官方媒體所使用的形式——譬如紀念章與題銘——並將內容顛倒(關於嘲弄式題銘, 參見 *Der französische Attila*; 墓誌銘則參看 Raunié, 1879, pp.58ff)。他們以日落或冬至(一年中白天最短、最黑暗的日子) 來暗喻(Gillot, 1914b, p.273n; *Solstitium Gallicum*)。對他們來說，路易十四不是太陽，而是「一顆鍍金的隕石」(Swift, 1983, pp.43-6)。他們不把路易十四比爲阿波羅，而是費頓(1709 年紀念章, Chevalier, 1711, p.112)。不比爲君士坦丁大帝，而是背教者朱利安(Julian) (*La Peste*)。路易十四使用驕傲的座右銘「鮮不如人」，在大聯盟時代，難免有人將他描述爲「那位已經不如許多人的法國人」。

　那些小冊子通常把路易十四形容成膽小，而非勇敢；追求虛榮而非追求榮譽；「偏袒」而非「公正」等等。他的官方頭銜「路易大帝」，激起許多反擊。他是「小」，不是「大」，或「厚顏無恥的大」，或「只有野心很大」(Raunié, 1879, p.58; *Mars*, p.108; *Bombardiren*, p.5)。

　另一個官方頭銜「最虔信基督的國王」，也受到模仿嘲笑，譬如一些手冊的標題，「最虔信基督的戰神」、「最虔信基督的土耳其人」、「最虔信基督的人需要成爲基督徒」，或「最虔信基督的國王所實施的反基督砲擊」(*Mars; Turk; Christianissimus; Bombardiren*)。

　反對者也沒漏掉路易十四對學術與藝術的贊助，但他們所採取的是譴責，而非讚揚的態度。他們舉凡爾賽宮中的油畫爲例來說明路易十四的傲慢自大，學會變成國王專制的工具，國王賜予作家的俸祿，甚至營建天文臺，都被視爲陰謀，目的是要使這些學者無心政治，也不會想要批評政府(*Fragestücke*, p.11)。羅浮宮被比爲尼祿的金

宮。他們也一再指責路易十四奢華浪費(*Soupirs*, p.19; *Fragestücke*, p.14; *Proben*, p.3)。

反對者經常把矛頭對準或許我們可以稱為國王崇拜的這件事上，他們將國王崇拜解釋為奉承、虛榮、瀆神與異端。「這位國王的奉承者將國王比為太陽，使他的野心愈來愈膨脹……他們似乎想要把他變成一個偶像，讓全世界在他面前匍匐……這些食客企圖以光榮的形容詞，使他看來純白耀眼，這些行為幾乎已達褻瀆神明的地步。」(*Turk*, p.67)

有些小冊子都以國王崇拜為主題，較明顯的是《自我詼揚令人鄙夷》、《華藻選粹》和《稱讚那位受蒙蔽的路易》。《華藻選粹》攻擊官方史學家佩里戈尼(Périgny)奉承國王，《自我詼揚令人鄙夷》則批評維特隆(另一位史官)所寫的《與古人比美》(*Parallèle*)(1685)——這本書把路易十四與其他曾經被譽為偉大統治者的人相比，這些人包括亞歷山大與查理曼。普瑞爾也以類似的方式，撰文攻擊布瓦洛和路易十四：

> 品達，穹蒼上的老鷹；
> 雖然德行能指引出高貴的方向：
> 布瓦洛卻像隻禿鷹飛翔，
> 以齷齪的利益為引導，尋找獵物。
> 由於已受收買，您的繆斯僕傭必須歌頌
> 一連串的勝利與國王的光榮；
> 以空洞的聲音吹噓那人的不朽；
> 不擇手段，只為給他桂冠。(Prior, 1959, 1, pp.141, 220)

　　反對者也毫不遲疑地攻擊路易十四在勝利廣場上的雕像。在這座雕像豎立後三年，《法蘭西奴隸之歎》(1689)便指出路易十四竟然容許「雕像放在刻有瀆神文字的底座上」，文中還以註解的方式攻擊「致不朽之人」這則題銘(*Soupirs*, p.19)。有一本英文小册子描述該雕像「頭上頂著光芒，就像古羅馬人尊崇他們的朱比特天神那樣……他們使擬人化的歐洲、亞洲、非洲與美洲跪在他的腳邊，好像他主宰整個地球一般。」(*Turk*, p.70)另一本小册子則聲稱「法國人……尊崇路易大帝這個神，在他戴有榮耀光環的雕像下，寫有褻瀆的文字……他們以敬神的方式尊崇這位不朽的人。」(*Politique nouvelle*)1690年出版的德文小册子《關於那尊尋求讚美又極為傲慢的雕像》，專門討論這座雕像(Gillot, 1914b, pp.269f)。1715年，一首反對路易十四的詩作提到這雕像的主人：

> 這個不配尊敬與讚頌之人
> 被釘死在罪惡之臺上
> 面對眾人直到永遠。

　　就連桂冠也被拿來攻擊路易十四。有一首詩便開玩笑地描述勝利女神在為路易十四加冕時，顯得猶豫。一枚有關該雕像的仿製紀念章，上面的圖案是勝利女神將桂冠除去，這便是俄國批評家巴赫汀(Bakhtin)所謂「除冠」(uncrowning)的一個良好例子(Raunié, 1879, p.27; Chevalier, 1711, pp.30-1)。視像模仿或許是動搖官方形象最有效的方法。1694年有一幅在巴黎流傳的版畫，將位於路易十四雕像底座角落的圖案，改為四位女人——拉瓦利埃、豐坦吉、蒙特斯龐與曼特農——她們以鐵鍊套住國王(Clément, 1866, pp.76-7)。

　　我們應該注意這些攻擊路易十四的作品所出現的年代。由於歸類不易，要將這些小册子確實列出，極為困難，畢竟一篇對路易十四並不友善的文章，與攻訐路易十四的文章是不易區分的。我們所能做到的，只是討論七十五册多多少少與路易十四有關的文本(附錄三)。其中有四册(包括著名的《國之盾》)出現於 1660 年代，那時發生了權利轉移戰爭。有六册出現於 1670 年代，也就是攻打荷蘭的時期。這道涓涓細流於 1680 年代滙成一道河流，計有十六册文本，包括著名的《法蘭西奴隸之歎》，與其他批評廢除南特詔令的文章。這道河流於 1690 年代開始氾濫，共三十五册(光是 1690 那一年，便有七册)。然後數量便開始減少；1700 年至 1715 年這段時期，只有十四册。

　　路易十四的非官方形象是誰負責的？我們對這些圖文的分發與組織所知甚少。出版地就算有寫，也不太可信。有時出版地是「弗里斯塔特」(Vrystadt)或「自由城」(Villefranche)，這是當時地下印刷業者的一個普通笑話。有時出版地是「巴黎」、「凡爾賽宮」或甚至「特里阿農宮」。法文出版物書名頁上最常見的地名是「科隆」(Cologne)，最常見的出版者是「馬托的皮耶」(Pierre du Marteau)，這個人可能根本不存在，至少掛他名字的那些書，不可能都是他出版的，畢竟這些書的出版時間涵蓋一世紀以上(Janmart, 1888)。

　　在有些例子中，書目編撰者依據印刷上的線索追尋，查到位於荷蘭萊登(Leiden)和阿姆斯特丹的埃爾塞維爾(Elsevir)印刷世家。有可能有許多法國反路易文學，是在荷蘭印刷，然後再走私進入法國。荷蘭早有印刷外文書外銷的傳統，1680 年代逃到尼德蘭的法國新教徒，也經常會靠寫作與販書為業。有可能其中一些人與這些地

下通訊有密切關係。1691 年時，地下印刷業者揮出一記重拳，亦即偽造美尼斯特希耶的紀念章史，偽造者在紀念章史中增添五枚嘲諷的紀念章，並註明說：「以下五枚紀念章，與**路易大帝史**的關係，並不遜於之前那些，但美尼斯特希耶神父在他的作品中略掉它們，有他個人的理由。」(Menestrier, 1691, p.38)（圖 60）

製造這些不利形象的人，跟印刷者一樣，多半不是沒有姓名，就是使用假名。在這些人當中，能力最出眾的藝術家是荷蘭人胡格，他的蝕刻最為知名，但他也是一位活躍的畫家、雕刻家、紀念章製作者與作家。他製作的所謂「諷刺畫—十字軍」（反對路易十四的作品）於 1672 年的戰爭期間開始發行，並持續到 1708 他過世那一年。「諷刺畫—十字軍」系列包括有 1685 年〈對法國新教徒的暴行〉，以及把路易十四畫成費頓，或跛腳阿波羅的作品(Kunzle, 1973, pp.109f)。另一位堅決反對路易十四的人是謝瓦利埃(Nicolas Chevalier)，他是一位法國新教牧師，在廢除南特詔令之後，他離開法國，至荷蘭擔任書商，並從事紀念章製作，關於 1708 年至 1709 年戰役的紀念章史，他也付出了一份力量(Chevalier, 1711)。

其他藝術家則似乎是誰出錢，他們就為誰工作。我們談過瑞士藝術家韋爾納。1660 年代他為法國宮廷做事，把年輕的路易繪成阿波羅。由於在法國沒有成就，韋爾納遂前往日耳曼，把年邁的路易畫成侍奉酒神的半人半獸(圖 65)。我們該把這種由榮耀路易十四轉成諷刺路易十四的行為，視為個人失意的結果，還是歸諸於贊助人的轉變(關於韋爾納，見 Glaesemer, 1974)？我們又要如何解釋拉莫西(Nicolas Larmessin)的行為？這位版畫家書商以他一系列關於《皇家年鑑》(*Almanach Royal*)的卷頭插畫，最為知名，這些插畫對於榮耀國王貢獻良多。不過，1704 年時他被囚禁於巴士底獄，罪

65. 嗜酒好色、半人半獸的路易。〈酒宴中的路易與蒙特斯龐夫人〉，韋爾納繪，油畫，約於1670年。(Zürich, von Muralt collection)

名是他製作或銷售了關於國王或曼特農夫人的諷刺畫(關於拉莫西，見Grivet, 1986, p.244)。

　　這些小冊子的可能作者，包括了真心反對路易十四的人和那些只是為錢的人。其中有些人在當時頗為知名。《國之盾》出於利索拉(Franz Paul Freiherr von Lisola)之手，他是來自弗朗什孔泰的一位律師，後來成為李頗德皇帝手下的外交家(關於利索拉，見 Pribram, 1894, ch. 15, esp.p.353n, 及 Longin, 1900)。一般人將《高盧人馬基維利》歸於貝歇爾(Johan Joachim Becher)之手，他也是為李頗德工作，是一位煉丹家，也是經濟學家(關於貝歇爾，見 Hassinger, 1951, p.210)。《法蘭西奴隸

之歡》很可能是法國新教牧師朱里厄(Pierre Jurieu)所寫(關於朱里厄,
參見 Dodge, 1947; Stankiewicz, 1970)。

　　這些還不是最知名的人。《最虔信基督的戰神》這本冊子很可能
是萊布尼茲(Gottfried Wilhelm Leibniz)寫的。我們似乎很難想像
在哲學與數學方面有卓越成就的萊布尼茲,也會撰文批評路易十四,
不過他一生中有許多時間是爲兩位日耳曼親王——梅因斯選侯和布
侖斯維克(Brunswick)公爵——做事,他甚至建議進攻埃及,以這
計畫使路易放棄攻打日耳曼。

　　其他撰文反對路易十四的作家,都是職業作家,他們在當時的
名聲並不好。米蘭人勒蒂(Gregorio Leti)是最獨特的作家之一,他
改信喀爾文教,寫了許多反教皇的小冊子。1680 年時他前來法國,
呈給路易十四一首頌辭,五年後又開始撰文攻擊他。根據一般看法,
著名的《愛情勝利》是出自法國貴族庫提爾(Courtilz de Sandras)
之手,他似乎也是褒貶的文章都寫(Woodbridge, 1925)。《最虔信基督的
人》出自變節的新聞人員,英國人尼達姆(Marchmont Needham)。

　　英國三位重要的文人也加入攻擊路易十四的行列: 斯威夫特、
普瑞爾與艾狄遜。斯威夫特在一首稱頌威廉三世遠征愛爾蘭的詩中,
輕蔑地提到那位「坐立不安的暴君」。這時身爲外交家的普瑞爾則在
英國政府人員中,傳頌他關於拿下那慕爾的詩歌。跟外交一樣,詩
是另一種形式的戰爭延續。至於艾狄遜,他在表面上看起來很中立
的《關於紀念章的對話》(Dialogues on Medals)書中,插入一些對
路易十四的間接尖銳批評,他也接受官方邀請,寫了一首頌揚布倫
亨的詩(Swift, 1983; Prior, 1959, 1. pp.130-51; cf., Legg, 1921; Addison, 1890, p.351)。

　　反對路易十四的宣傳運動,顯然不如支持他的運動來得一致、
有條理。各地都有攻擊路易十四的人士(倫敦的新聞人員、紐倫堡

〔Nuremberg〕的紀念章製作者、放逐於荷蘭的法國新敎徒，和批評路易十四的法國人)，他們之間的聯絡並不方便。反諷的是，如果沒有官方所呈現的國王形象，這些攻擊將更爲凌亂。

我們把最重要與最難以回答的問題留到最後。這項運動的效果如何？這些小冊子的讀者，還有這些紀念章的觀眾是誰？我們將在下一章討論人們對於路易十四的不利形象，以及官方所再現的太陽王形象，接納的情形如何。

第十一章

接受路易十四

研究宮廷，了解城市。

——布瓦洛

到目前為止，這本書就跟之前其他研究路易十四形象再現的作品一樣，專注於形象的製造過程，而非接受過程，研究投射出來的形象，而非觀眾所接受的形象。不過，正如文學史家與藝術史家所明白的，研究傳播，一定要討論訊息接受、觀眾特質，與觀眾回應的方式，才算完整(Holub, 1984; Freedberg, 1989)。

換句話說，我們不但必須研究「誰說了什麼」，也要研究「對誰說」和「效果如何」，同時，我們也必須進一步研究詮釋訊息的過程，以及將訊息挪用轉化(appropriate)、賦予新的功用的過程。就路易十四而言，有關於觀眾身分的文件資料，相當豐富，這些紀錄也讓我們得窺一些有趣的個人反應。

國內的接受者

官方展示路易十四的形象長達七十多年，是要給誰看，爲了說服誰？這形象的目標，不太可能是路易的全體子民，1643 年、1661 年或 1715 年時的兩千萬法國男女（從路易十四登基至過世，法國人口都沒有什麼改變）。路易十四的媒體不是大眾傳播媒體。紀念章只在特殊的場合才發行——譬如朗格多克運河開始通航，或勝利廣場的雕像揭幕——且打造的數量不多。巴黎所有市民都可見到凱旋門以及市內的雕像，但他們之中只有少數人能夠讀懂拉丁文題銘，甚或解讀圖像。任何佩劍的成年男子都可進入凡爾賽宮，而且入口處出租刀劍，但只有少數人有能力做這件事。國寓一週有三天開放給「有格調的人」參觀。(M. G., February 1683, p.23)

同樣的，就五光十色的魅力，以及對眼耳的吸引力而言，節慶與今日的電視頗爲類似，但這些節慶的目標是宮廷中的一小撮觀眾。以散文或詩歌撰寫的頌辭，主要的觀眾只有一位，國王本人。這些頌辭也可能在還沒完稿時，國王便已讀過，或唸給他聽過，經常是在國王讀過，又過了一段時間之後才出版。國王的回憶錄起先也只是爲一位觀眾所寫——皇太子。這份秘密文件直到 1806 年才公開發表。

但是當時所謂的大眾，指的是誰？這問題比表面看來，要難以回答。理由之一，在當時「大眾」這觀念才剛開始出現。法國人會使用像是「公眾利益」或「公開說教」等等用語，但就是不會說「大眾」(tout court)。「輿論」這觀念則還沒出現——第一次提到民意(l'opinion du peuple)，是路易十四在位的最後一年，1715 年(Hölscher, 1978, p.448)。「輿論」或「民意」這用語只是一個不完整的替代用語。「當我們說某人有輿論支持他時，我們指的是他廣受稱譽。」(Furetière, 1690)

可能有人會說，由於被指涉之物不存在，用以指涉的符號也就不算存在。大眾可以被描述爲一個社會群體，這群體就像一個社會階層一樣必須要有自我意識才能存在(Cf. Habermas, 1962)。這種自我意識受到傳播媒體成長的影響。因而，爲路易十四製造形象的官方人馬對於法國輿論的形成，也有重要貢獻。就那方面而言，他們使官方與非官方製造的形象，都更易流傳。

就另一方面來說，十七世紀的媒體——就像今天的媒體——也受到群眾的需要與願望所影響，或至少受傳播者自以爲是群眾的需要與願望所影響。全知全能的君王形象之所以產生，並不只是因爲一群宣傳人員與奉承者。法國國王的英雄形象與其他文化的英雄形象頗爲類似，顯示就某個程度來說，官方形象表達了一種集體需要。雖然只是猜測，我還是認爲十七世紀的中央集權國家興起，與國王——他具體代表了中央的權力——崇拜興起之間，頗有關聯。

我們當然不該把十七世紀的聽眾與觀眾視爲一個完全統一的整體。的確，當時的宣傳者似乎特別想要與三類對象達成溝通。他們所針對的三個目標是後代子孫；巴黎與各省的法國上層人士；還有外國人，尤其是外國的宮廷人士。讓我們依序看看這三個不同的類型。

雖然就我們今天的想法而言，會覺得奇怪，但國王的宣傳人員的確是企圖要與我們溝通，說得更精確點，與他們設想的後代溝通。如國王回憶錄所言，國王們需要「向所有後代」敘述他們的事蹟 (Longnon, 1928, p.32)。佩羅在爲考爾白所寫的一封信稿上，說繪畫與雕

刻應該對「傳遞國王的名聲給後代」，有特別貢獻(Gould, 1981, p.123)。在設計紀念建築物時，方尖碑特別重要，原因之一便是它們象徵永恆的名聲。紀念碑也使用像大理石和銅之類的材料，以期能流傳數百年。與在位時期事件相關的紀念章則被埋入建築物的地基之下——舉例來說，1665年的羅浮宮、1667年的天文臺，與1685年皇家橋(Pont Royal)(Brice, 1689, 2, p.3093 Jacquiot, 1968, 文件9)。

　　政府關心後代，最好的證據當然便是尋找適當作者為路易十四在位事蹟撰史。1662年夏普蘭推薦給考爾白的九十位文人中，有不下十八位是史學家。至少有二十個人擔任皇家史官，或有此頭銜，或受政府雇用撰寫歷史。國王本人也為特殊戰役撰寫官方敍述。(Sonnino, 1973-4)

　　國王形象的製作也以國王的臣民——「我們所統治的人民」——為目標。最重要的是那些朝臣，特別是地位較高的貴族，他們可說有義務要前來宮廷。聖西門便描述說國王生他的氣，因為他擅自出宮。地位較高的貴族必須在宮廷陪伴國王，這不但是為了要讓他們遠離其權力基礎，也是想藉由國王的赫赫聲勢震懾他們。男女廷臣是宮中戲劇、芭蕾，與其他表演(包括國王起身)的主要觀眾。遇到特別場合，觀眾的數目會增加。1664年有六百位紳士與淑女觀賞《魔島的快樂》，1668年更精心製作的《消遣》(*Divertissement*)，則有一千五百名觀眾。參加的婦女人數，以及婦女參加的條件與男士差不多，這點值得注意。

　　在布瓦洛所撰寫的《詩藝》中，有一句著名的讚美辭，布瓦洛描述法國的文藝大眾為「宮廷與城市」(也就是巴黎)(Auerbach, 1933)。宮廷方面傾向於輕視城市，視其為「市儈者」(bourgeois，布爾喬亞)，這用語在1660年代指的是律師與其他平民。至於國王，傳統

的看法是，由於投石黨運動時的經驗，路易十四對城市沒有好感，這種看法有必要稍加反駁。在國王的婚禮與進城活動——當時可能有十萬人目睹此事——之後，巴黎市民便鮮少有機會見到他們的統治者本人(Loret, 引自 Möseneder, 1983, p.13)。他不常待在羅浮宮，1673 年的審判會議之後，也很少參加巴黎的公開活動。直到 1687 年國王才拜訪巴黎市政廳，表示他已不再計較投石黨運動，打算與這城市和解(Boislisle, 1889)。

不管怎樣，市民還是可以接觸到頌揚國王的事物。巴黎市民可以迅速讀到羅浮宮印製的《法蘭西公報》。宮中的表演也經常在巴黎重現。舉例來說，莫里哀的《埃利德公主》(*La Princesse d'Elide*)於 1664 年 5 月在凡爾賽宮上演——做為《魔島的快樂》的一部分——但在接下來的 11 月，這齣戲便在巴黎的皇宮劇院重演。1665 年時，拉辛的《亞歷山大》在同一家劇院上演，也在與其對立的布爾戈涅劇院(Hôtel de Bourgogne)上演。1673 年時，皇宮劇院移交給呂里，他的歌劇便在那裡上演。

皇家文學學會、美術學會、建築學會和音樂學會全都座落於巴黎。戈布蘭的皇家工廠也是如此，在重要節慶時這工廠展示它所製造的掛毯。舉例來說，1667 年的聖體節，洛克便觀賞了這些掛毯，並指出「路易大帝在每一面掛毯上，都是英雄」(Locke, 1953, p.150)。主要的戲劇與歌劇也是在巴黎上演。重建羅浮宮、建立巴黎傷殘官兵療養院、豎立凱旋門與在勝利廣場和路易大帝廣場(文當廣場)上豎立的國王雕像，凡此種種皆為這個城市烙印上國王的形象。有一枚紀念章紀念了這個轉換的過程，紀念章的題銘是「裝飾巴黎」。

也有證據顯示官方愈來愈重視地方百姓。1669 至 1695 年間，共成立了六個以法蘭西學會為模範的省級學會，各在亞耳、斯瓦松、

尼姆、翁熱、自由城和土魯斯；以科學院爲模範的學會，則設立於
岡城(該地已有一所人文學會)、蒙貝列和波爾多(Storer, 1935; Roche,
1978, 1, pp.19-20; Luy, 1989)。一所以巴黎音樂學會爲模範的音樂學會兼歌
劇院，於 1684 年設立於馬賽。跟巴黎的那些典範一樣，這些機構經
常從事榮耀國王的工作。斯瓦松的學會爲聖路易節籌設慶祝活動，
岡城的人文學會則參與了豎立國王雕像之事。

　　路易也正式拜訪了幾個法國城市，讓居民有機會見到他本人。
1654 年時，依據加冕的習俗，他前去理姆斯。1658 年他又正式進入
里昂。在他個人統治期間，他拜訪了一些城市，大多是新近佔領的，
包括敦克爾克(1662、1671)、里耳(1671、1680)、第戎、柏桑松和
史特拉斯堡(都在 1683 年)以及康布萊(1684)。

　　政府希望巴黎與各省能爲軍事勝利或皇族誕生等快樂事件慶
祝。主教們收到通知，在適當的時機於他們的大教堂內頌唱讚美詩，
通知中甚至指明參加典禮的個人或團體(Gaxotte, 1930, p.83)。

　　慶祝活動通常頗爲繁複。舉例來說，1678 年之時在阿貝維爾
(Abbeville，該地展示了一幅國王的肖像畫)、岡城，沙特爾(Char-
tres)、哈佛爾與蒙貝列，都有公開爲奈美根和平慶祝的活動(M.G.,
1678)。1682 年，從勒恩到馬賽，尤其是在勃艮第省及其省會第戎，
都舉辦慶祝勃艮第公爵誕生的活動(M.G., August 1682, pp.224-34)。1684
年，特別是在翁熱，也以同樣的模式慶祝另一位皇孫安茹公爵的誕
生(M.G., January 1684, pp.184ff)。1687 年時，亞耳與其他城市都舉辦了慶
祝國王病體康復的活動(M.G., 1687)。這種慶祝活動——一般都包括了
歌頌國王的活動——可能是由當地的總督、自治市或各省學會的成
員負責籌辦。

　　各省可經由報紙，尤其是官方的《法蘭西公報》與《雅致信使

報》，定期得到關於國王的消息。《雅致信使報》的編輯(他從 1684 年起領取國王的俸祿)跟讀者講話時，就好像這些讀者都是鄉下人，熱切想知道有關巴黎、國王與宮廷的消息。文章是以書信方式寫成，收信人是鄉下的一位女士──對於女性讀者的關注，值得重視(Vincent, 1979; Dotoli, 1983)。我們可從這些官方報紙的散布，看出政府對各省日漸重視。到 1685 年時，有五座省城(波爾多、里昂、盧昂〔Rouen〕、土魯斯和都爾)也付印巴黎的《公報》；到 1699 年時，印刷《公報》的城市數目已增加到二十一座，路易十四在位末期，增加到三十座(Feyel, 1982, p.33)。《雅致信使報》在各省也有付印，如波爾多、里昂和土魯斯。

1680 年代的「雕像運動」也以各省的主要城市為目標：亞耳、岡城、第戎、里昂、蒙貝列、波城、普瓦提耶，和特魯瓦。此外，都爾、柏桑松和蒙貝列(都在 1693 年)還有里耳(1695)也豎立了凱旋門。在拉洛瑟爾(La Rochelle)、馬賽，和麥次(Metz)也有類似的營建計畫(Stopfel, 1964, pp.63-73)。這些凱旋門的地理位置通常都與國王的騎馬雕像及國王所拜訪的地點相呼應。這類城市多半集中於巴黎外圍，或位於新近獲得的地區之內──這些地區擁有最多特權，也最常反叛。在新近佔領的薩爾省內，有一處要塞被命名為「薩爾路易」，便是這大潮流的一部分。

我們應該將 1709 年官方發給各省，以說服他們繼續參戰的著名通訊，視為這個潮流的高潮。寫給各省總督與主教的公開信附有國王簽名，由托爾西執筆，描述了政府求和的努力、敵人的狡詐，以及國王對子民的關懷。這些信函於全法各地印製發行(文本參見 Gaxotte, 1930; 評論參見 Klaits, 1976, pp.209, 213f)。

針對國內民眾所再現的路易形象，是以國內的民眾菁英為對象。

《法蘭西公報》一版是不太可能超過兩千份的，價格則在一到四蘇（sou，相當於 1/20 里弗）之間。讀者較特定的《雅致信使報》，1680年代每月的售價爲二十五蘇。由於生產成本較高，紀念章跟官方的紀念章史——一本精采但昂貴的對開本——一樣，只能在一小群人士之間流傳(Cf. Jones, 1982-3, pp.209ff)。紀念幣發行的數量較大——舉例來說，在 1682 年時便超過二萬六千枚——但也只限於人口中的少數(M.G., January 1682, p.53)。

這並不是說一般人對國王一無所知。當國王到城市拜訪時，便可讓任何想一睹國王風采的人，都有機會見到他。1684 年有一篇關於國王拜訪康布萊的官方敍述，評論了前來觀看國王進晚餐的「驚人」群眾(M.G., May 1684, p.238)。國王觸摸病人的習俗，是一般法國男女另一個目睹他們統治者的機會。說路易於在位期間觸摸了三十五萬人，是一個保守的估計。我們可以說這些人以其雙腿證明了他們相信國王具有神性。不過，我們必須記住，這些被國王觸摸的人，每人可得到十五蘇，這件事也事先經過廣告宣傳(圖 66)。(以 1654 年的某次儀式爲例，路易十四約觸摸了二千到三千人，這種儀式在 1654 年至 1715 年間每年舉行多次，因此三十五萬人的總數並不誇大。廣告宣傳部分，可參考 Blegny, 1692, 1, p.21。)

由於國王的命令，一般人也參與了 1672 年、1683 年和 1709 年爲祈求法軍獲勝的公開祈禱。正如一位英方間諜所證明的，1709 年國王致各省總督的信，由維拉爾(Villars)元帥於「所有部隊」面前，公開宣讀(Klaits., 1976, p.219)。由於光是在 1701 年至 1713 年間，便有大約六十五萬法國人加入軍隊，因此可以把這種公開祈禱的制度，做爲傳布國王官方形象到全國各地的方法來研究。國王的視覺形象可以跨越文盲所造成的溝通障礙，有些形象——譬如雕像——還是極易見到的。有時候，甚至以掛毯呈現的「國王史」，也公開展示，

DE PAR LE ROY,

ET MONSIEVR LE MARQVIS DE SOVCHES,
Preuoſt de l'Hoſtel de ſa Maieſté, & Grande Preuoſté de France.

O N faiᵉ̌t à ſçauoir à tous qu'il appartiendra, que Dimanche prochain iour de Paſques, Sa Maieſté touchera les Malades des Eſcroüelles, dans les Galleries du Louure, à dix heures du matin, à ce que nul n'en pretende cauſe d'ignorance, & que ceux qui ſont attaquez dudit mal ayent à s'y trouuer, ſi bon leur ſemble. Faiᵉ̌t à Paris, le Roy y eſtant, le vingt-ſixieſme Mars mil ſix cens cinquante-ſept. Signé, DE SOVCHES.

Leu & publié à ſon de Trompe & cry public par tous les Carrefours de cette Ville & Faux-bourgs de Paris, par moy Charles Canto Crieur Iuré de ſa Maieſté, accompagné de Jean du Bos, Jacques le Frain, & Eſtienne Chappé Jurez Trompettes dudit Seigneur, & affiché, le vingt-ſixieſme Mars, mil ſix cens cinquante-ſept. Signé, C ANTO.

66.〈宣傳御觸的公告〉，1657 年。（Bibliothèque Nationale, Paris）
（一則 1692 年的廣告提到會付錢給受難者）

聖體節時戈布蘭便展出這類掛毯(Locke, 1953, p.150)。

不管怎樣，那些形像製造者還是甚少考慮到一般人民。夏龐蒂埃是個例外，他建議在公共紀念建築物上使用方言，以讓小民得到「一次體驗國家強盛、君王偉大的機會」(Charpentier, 1683, p.131)。不過他的建議並未得到採納。在一個農民國家中，官方爲國王製造良好公眾形像的努力，是以城市爲目標。在鄉村中鮮少能見到國王的雕像。我所知道的唯一例子是位於吉米里歐(Guimiliau，菲尼斯泰爾〔Finistère〕)的一座雕像，路易十四以聖路易的形象再現(Polleross, 1988, no.556)。雕像的年代是 1675，正好是不列塔尼反抗國王的那一年，這不可能是巧合。

國外的接受者

就「國王史」而言，外國人民與國內人民一樣重要。舉例來說，在 1698 年,龐恰特雷恩便要小學會列出適於呈現給外國人觀看的紀念章。

馬薩林紅衣主教描述年輕的路易爲「世上最偉大的君王」(Mazarin, 1906, p.257, letter of 1659)(圖 67)，這用語顯得誇張又帶有民族優越感，但頌辭作者卻重複且擴充了這個講法。在一枚紀念奈美根條約的紀念章上，路易是「世界和平的創造者」，勝利女神也將整個地球交給他。在使節樓梯與其他地方，可以見到四大洲或「世界四角落」(當時還不知道澳洲存在)的形象,圖像中的四大洲皆承認太陽王至高無上的地位(Jansen, 1981, pp.61ff)。勝利廣場上路易雕像的題銘提到「遙遠國家」的使節，也提到來自莫斯科、幾內亞、摩洛哥、暹羅，和阿爾及利亞的使節。1701 年在格勒諾勃的一場慶典中，路易十四被再現爲坐在御座之上，接受世界各國致敬，這些外國人包括「暹羅人、東京人(Tonkinese，今越南)、阿爾及利亞人、中國人、易洛魁印第安人(Iroquois)」(Menestrier, 1701)。這五個例子都是路易十四在位時的事件。

這些形象是一項具體計畫的一部分，該計畫的目標超出歐洲的範疇。1686 年暹羅使節所受到的重視(有一枚紀念章紀念此事)與 1715 年波斯使節所受到的重視，尤其證明了這項計畫。爲了要讓法國人眼中的「東方專制國家」印象深刻，路易坐在「一張高得不尋常的御座上」接見鄂圖曼與波斯使節(圖 68)(Gazette, 1669, p.1165; M.G. December 1686, part 2, p.325)。

67．接受紀念章史。〈格拉夫・封・登肖像〉，拉吉利埃繪，約於 1702 年。(Herzog Anton Ulrich-Museum, Braunschweig)

68. 銀色的御座。御座版畫，摘自 1686 年 12 月《雅致信使報》。(Bibliothèque Nationale, Paris)

　　路易十四與鄂圖曼蘇丹交好，是有實際理由的——由於雙方都與神聖羅馬帝國敵對，因而具有共同的利益。阿爾及耳與摩洛哥都是鄂圖曼帝國的屬地。1684 年時，阿爾及耳因受砲擊，而臣服法國。至於波斯，這次外交是出於波斯國王主動，而非出於路易十四。為了希望能在進攻波斯灣的馬斯卡特(Muscat)之時，得到法軍協助，胡笙(Hussein)國王於 1715 年派了一位特使前來覲見路易。

　　路易十四在美洲至少有一處立足點。法國移民於 1608 年建立了魁北克(Quebec)市，1663 年該地成為新法蘭西(New France)省的省會。1686 年有一座國王半身像被安置在皇家廣場之上，當時法國各省正在進行「雕像運動」。力抗法國統治的易洛魁族人，在法國總督弗隆特納克(Frontenac)的壓力之下，於 1696 年被迫求和。探險家薩萊便是自魁北克出發，前往路易斯安那——當時該區比現今的路易斯安那州要大得許多——他於 1682 年兼併此地，並以路易十四為該州命名。

　　由於路易十四是當時在位的西班牙君王——腓力五世——的祖父，路易十四過世時，西屬美洲也曾舉行紀念活動。墨西哥市的一座教堂展示了一個靈柩臺，蘭齊亞哥(Lanciego)總主教提出了一篇佈道文，一篇歌頌已故「路易十四大帝」的頌辭也被發表出來，描述他為「君王典範」(圖 69) (Tovar de Teresa, 1988, pp.66-7)。

　　與遠東的官方接觸溯自 1661 年，那時路易十四「向交趾支那、越南東京，與中國的君王」表示友好(Gaxotte, 1930, pp.12f)。耶穌會會員白晉(Joachim Bouvet)前往中國，並為康熙皇帝做事，這位中國皇帝從 1662 年統治到 1722 年。白晉向康熙描述了路易十四的偉大。很不幸，這位皇帝對路易十四的印象如何不得而知。根據中國的標準，統治兩千萬人民的君主不過是一個小君主。不過，中國皇帝也

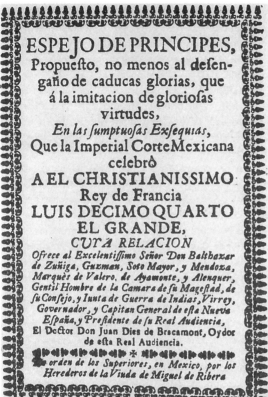

69. 新世界的路易。《君主之鏡》扉頁，墨西哥，1715 年。

將白晉派回凡爾賽宮，向路易十四報告中國宮廷的情況(Bouvet, 1697)。

這些接觸具有宗教、經濟與政治目的。耶穌會會員主要是傳教士，他們遵循駐遠東傳教士沙勿略(St. Francis Xavier)與中國傳教團創始者利馬竇(Matteo Ricci)的路線。考爾白想提高與亞洲的貿易。與這些遙遠國家建立關係的另一目的，是傳播國王的光榮事蹟，並藉以提高國王的名聲。

不過，法國官方的重心還是放在要如何使歐洲的其他國家體會到法國的強大。國王耗費許多時間在外交儀典之上，其中包括與迷你小國家間的外交關係。我們以一個還算正常運作的月分爲例，1682年11月時，路易十四待在楓丹白露與凡爾賽宮。當他在楓丹白露之時，他兩次接見薩伏衣的大使（當時正與該國協商一椿皇室婚姻），分別接見了漢諾威（Hanover）的兩位特使，薩伏衣與巴伐利亞的特使在正式告別前，也前往向國王致敬。在凡爾賽宮，當漢諾威和澤爾（Zell）的特使正要離開之時，他則接見了沃爾芬比特爾與巴馬（Parma）的特使（*Gazette*, 1682, pp.724-39）。若碰到特別事故，譬如皇后逝世，所有的外交使節團都會一一前來致意，或表示哀悼（*Gazette*, 1683, pp. 551-672）。

大使們是宮廷慶典、戲劇、芭蕾和歌劇的重要觀眾。他們經常獲贈一些有助於宣揚國王海外名聲的禮物——路易十四在位時重大事件的紀念章與掛毯、再現國王收藏品與國王本人鑲鑽肖像畫的書冊。這一類的饋贈可同時達到幾個目的，除可以顯示國王慷慨、傳揚他的形象，也可能還有其他功用。我們可以做一個頗爲合理的假設，贈送教皇一幅再現熱那亞總督向路易道歉的掛毯，其實是一種警告（Leith, 1965, p.22）。

國外演出是另一種在歐洲其他地方宣揚國王名聲的方法。1668年時，駐梅因斯選侯宮廷的大使接獲巴黎方面指示，上演一齣以在艾克斯拉沙佩勒「新近達成的和平」爲主題的音樂劇。1682年，法國大使在威尼斯、羅馬、馬德里、柏林，甚至也在共和政體的瑞士，公開慶祝勃艮第公爵誕生（M.G., 1682）。1688年，法國駐羅馬大使以煙火慶祝佔領菲力普斯堡（Philippsburg）要塞（Pastor, 1940, 32, p.396n）。

宣揚路易十四的外文文章，顯示出外國讀者所受到的重視。儘

管有像夏龐蒂埃與德馬雷這類的「現代派」人士提出抗議，紀念建築物與紀念章上的題銘還是以拉丁文書寫，這不但是遵循古典傳統，也是爲了要更有效地與全歐洲的知識分子溝通(Brunot, 1917, ch.2)。在多不勝數的國王頌辭中，有一些是以拉丁文寫成。語言選擇有時與作者的出身學院有關——舉例來說，曾爲路易十四撰寫頌辭同時也是藝術贊助者的拉博納，便是路易大帝耶穌會學院的教授。從另一方面來說，將頌辭譯爲拉丁文(譬如拉許將高乃依的作品譯爲拉丁文)必定是以國外讀者爲目標。關於國王加冕以及杜伊勒利宮著名騎兵競技表演的敍述，也有拉丁文版(Perrault, 1670b)。一些再現「國王史」的印刷品上，也有拉丁文題銘。爲權利轉移戰爭與西班牙王位繼承戰爭辯護的册子，被譯爲拉丁文，官方的紀念章史亦然(Klaits, 1976, pp. 113n, 151, 297)。

　　由於在這段時期有許多類群的人，基於各種不同的目的而使用拉丁文，所以我們不容易精確估計，以拉丁文書寫的文章，所針對的對象爲何。至於譯爲各種方言的文章，所針對的主要讀者是誰，就比較明顯。

　　西班牙語，或者說卡斯提爾語(Castilian)，是馬德里宮廷的語言。由於1660年代，路易十四與西班牙王室間的競爭相當激烈，難怪法國官方爲權利轉移戰爭(據猜測是爲了維護路易西班牙籍皇后的權利)所寫的辯護，立即被譯爲卡斯提爾語。頗爲有趣的是，有個叫做羅薩(Pedro de la Rosa)的人，於1668年將當時的著名小品《精釆盛宴的簡短描述》，以西班牙文譯出，但其出版地卻是巴黎，而非西班牙，顯示翻譯工作是出於法國政府之意。除此之外，頌揚路易十四的西班牙文書籍，在他孫子腓力五世登基之前，並不常見。爲西班牙王位繼承戰爭辯護的小册子，被譯爲西班牙文，並經由法

國大使分送到馬德里(Klaits, 1976, pp.150-1)。里戈為年老路易十四所畫的著名肖像畫，最初是授權掛在馬德里腓力五世的宮殿內。

　　德文是神聖羅馬帝國(路易在歐洲的另一個主要對手)的宮廷語言，因此，自然有一些宣傳品會被譯為此種語言。當時有一篇描繪皇室婚禮的法文作品，被譯為德文(*Relation*, 1660)。官方為權利轉移戰爭的辯護，以及紀念章史，也都被譯為德文。費利比安為戈布蘭掛毯上的四元素及四季所作的描述——其中包含頌揚路易十四的文字——也於 1687 年在奧格斯堡出版(Félibien, 1665, 1667)。

　　也就是在奧格斯堡，一位名叫漢澤爾曼(Elias Hainzelmann)的日耳曼版畫家，製作了一幅慶祝路易十四征服異端的畫作(圖70)，這令我們想起歐洲人並非一致譴責廢除南特詔令之舉。有一些為西班牙王位繼承戰爭辯護的小冊子，也被譯為德文(Klaits, 1976, pp. 113, 275)。在這時期，有許多攻擊路易十四的作品，也以德文出版(附錄三)。

　　頌揚國王的文章被譯為義大利文,顯示法國官方想要影響教皇,或許還包括杜林(Turin)、摩德納(Modena)與其他地方的宮廷。1654 年,一篇關於國王加冕的描述以義大利文出版,1660 年一篇關於皇室婚禮的文章以義大利文出版。摩德納公爵的祕書格拉齊亞尼便是領取路易的俸祿, 負責頌揚路易。格拉齊亞尼不但寫十四行詩頌揚路易十四的勝利, 也散布有關權利轉移戰爭的法文辯護(Chapelain, 1883, p.513)。以擔任考爾白藝術顧問為人所知的貝內德蒂, 也為路易十四寫了一首頌辭,《路易大帝：道德之光的化身》(*The Glory of Virtue in the Person of Louis the Great*), 這頌辭於里昂出版,據猜測是為了國外市場(Benedetti, 1682)。佩里森為路易十四所寫的一首頌辭, 也被譯為義大利文。許多為法國在西班牙王位繼承

LUDOVICO MAGNO

a l'aspect de ce front ou Mars s'est peint luy mème,
France, benis l'Auteur de ta gloire Supreme,
Que la triste Hérésie en palisse d'effroy.
Le voici ce Héros qui la force a se rendre,
Qui fait pour ton bonheur tout ce qu'on peut attendre,
D'un Pere, d'un Chrétien, d'un Conquérant, d'un Roy.

70. 〈征服異端的路易〉，漢澤爾曼繪，版畫，1686 年。(Bibliothèque Nationale, Paris)

戰爭時的地位辯護的小冊子，也譯爲義大利文(Klaits, 1976, pp.151, 174, 199, 275)。

　　法國官方似乎比較沒有花工夫來向英國人與荷蘭人宣揚路易十四的偉大。在荷蘭人這方面，由於統治階層便是使用法文，法國官方不必多費力氣。我們無法用同一理由說明法國對英國方面的做法。不過，在西班牙王位繼承戰爭期間，法國努力要讓英國大眾相信法國的做法合乎情理。路易的聲明，說他「唯一的目的是要維持和平」，被譯爲英文，並由法國駐倫敦特使傳布。這位特使也設法使戴夫南特(Charles Davenant)爵士撰寫聲援法國的小冊子。一些支持法國軍事行動的敘述(由《雅致信使報》編輯，當諾德維塞所寫)也被譯爲英文(Ibid., pp.70n. 106f)。

反應

　　最重要的問題最難以回答。各式各樣的民眾對路易這種光榮、無敵，又傑出的君主形象，做何反應？我們所能做的，最多就是舉一些例子而已。這些個別反應有無代表性無法判斷，但形形色色的反應，有可能讓我們知道不少民眾的感受。

　　我們可以從較高階層的貴族開始著手。深得國王歡心的聖阿格南公爵，爲提升他君主的名聲下了很大的功夫。他在《雅致信使報》上刊登廣告，提供獎賞徵求頌揚國王的詩作。他本人也寫這一類的詩。他在成立亞耳學會──這學會固定爲國王頌揚讚美之辭──一事，以及在哈佛爾豎立路易十四雕像之事上，扮演著重要的角色。弗亞德公爵(也是法國元帥)則以類似的方式,進行規模更大的活動,率先建造了勝利廣場上國王的著名雕像。的確，雖然這座雕像的計

畫獲得政府支持，並由國王提供大理石，但這雕像的費用是由弗亞德公爵支付。不過正如每一位讀過聖西門回憶錄的讀者所知，聖西門公爵對國王極爲不滿，也不喜歡尊榮他的方式。

在較低一點的社會階層中，團體反應的紀錄就比個人反應來得多，尤其是耶穌會會員與自治市的反應。有相當多的耶穌會會員透過各種不同媒體，爲塑造國王形象貢獻心力，較突出的代表有儒范希（Jouvancy）、拉博納、勒傑伊、美尼斯特希耶、夸蒂耶和拉許。耶穌會會員在巴黎、里耳、里昂、土魯斯和其他城市，組織頌揚路易十四的表演活動。他們不但歌頌路易十四爲一位虔誠、抗拒邪教的君主，也稱讚他是一位征服者、一位藝術的贊助者。若說這個教團只是想鼓勵路易十四壓制新教徒，似乎不足以說明他們爲何會付出這麼多的金錢與心力，榮耀國王。

官方對國王形象的重視，也顯現在自治市的行爲上。舉例來說，1676年時，亞耳的執政官豎立了一座新近發現的羅馬方尖碑殘骸，做爲向國王致敬的紀念建築物，頂端是一環金色的太陽，碑上還有佩里森所撰寫的拉丁文題銘。這城市共耗費六千八百二十五里弗（Rance, 1886, 1, pp.298f, 340n）。但是一則十八世紀的資料顯示，波市對於在公共廣場爲路易十四豎立雕像一事，就不大熱中（Johnson, 1978, pp.50 -1）。就那些同意爲國王豎立雕像的自治市而言，市議會的動機不易捉摸。有可能他們是想表示忠誠，向中央政府示好，也或者是想改善他們城市的外觀，同時爲自己增添光采（Cf. Roy, 1983; Mettam, 1988, pp. 54f）。

地方政府將中央的訊息重新詮釋、挪用轉化的結果不易摸透，卻相當有趣。這種詮釋行爲本來就應該要曖昧不清，才算高明。1715年刻在蒙貝列凱旋門路易十四雕像上的題銘（提到「海上與陸上的和

平」），起先看來似乎就是老套的官方誇張手法。但再仔細點看，這紀念建築物又似乎是在慶祝烏特勒支和平，而非爲國王慶祝。

　　在這些貴族與團體之下的階層中，我們所能找到的證據，就頗爲零星。巴黎的記載顯示，有一些個人擁有國王的肖像(Pardaihé-Galabrun, 1988, p.386)。他的肖像出現於巴黎的商店招牌上——譬如皇家版畫家瓦萊(Guillaume Vallet)所繪〈路易十四半身像〉；〈偉大的君主〉也出現在小橋(Petit Pond)的大商店裏。(Grivet, 1986; Rave, 1957, p.4)。一些便宜的陶盤上也有他的肖像。製作這些物品，顯示人們對國王有某種程度的忠誠，但我們無法衡量這種忠誠的強度與分布情形。我們所能做的，只是舉出一些私人反對國王與崇拜國王的例子，以供對比。

　　「私人」(private individual)這觀念，不如表面看來這般明確。舉例來說，某位名叫達利格爾(Charles d'Aligre)的聖里基埃(Saint-Riquier)修道院長，委託製作了路易十四觸摸病患的油畫(圖71)。但事實上這位修道院長已過世的父親艾蒂安・達利格爾(Etienne d'Aligre)，卻曾經是法國的掌璽大臣，同時也是另一位掌璽大臣勒泰利耶的姪子。勒泰利耶又是盧瓦的父親。這些行政官們的親戚，以及受他們供養的食客，在委製榮耀國王作品方面所扮演的角色，值得細細研究。

　　我們在挑選一些研究案例時，必須記得這一點。就反對國王的例子來說，1707 年時有一位圖阿斯(Thouars)人被送往法庭受審，因爲他粗魯地聲稱「國王是個混蛋與賊」。1709 年食物短缺之際，出現了聖西門所謂反對國王的布告「浪潮」。國王的雕像遭到毀損，有一封匿名信還呼籲人們暗殺他(Bercé, 1974, p.609; Saint-Simon, 1983-8, 3, pp. 476ff)。好國王與惡大臣的傳統對照不見得適合每一個人，一位來自

71. 奇蹟製造者路易。〈路易十四治療皮膚病〉，儒弗內繪，油畫，1690 年。（Abbey church of Saint-Riquier）。

里耳(新近併入法國的一個城市)的布工夏瓦特(Paul-Ignace Chavatte)，也以類似的態度，但較禮貌的方式，在他的私人日記中，批評國王，特別指責他放縱軍隊在未經宣戰的情況下便侵犯、掠奪、焚燒他國領土(Lottin, 1968, p.189)。

與這些人成對比的是圖勒(Toul)的副主教戈蒂埃(Pierre Gaulthier)，他也出身於法國邊區。他致贈了由三十一座雕像組成的藝術品「向路易大帝致敬」。主要人物是國王，模樣與他在勝利廣場上的樣子相似(圖36)，只是此處的雕像手握一根類似赫丘力士握的棍子，表示他是「一位真正的英雄，懾服各國人民」。當時對這座雕像的描述，有一則頗為有趣，也可能頗富意味，描述中提到正準備要為國王戴上桂冠的「一位小天使」。我們不免奇怪，究竟有多少看到勝利廣場上雕像的人，會如此解釋這位擬人化的勝利女神(Sohier, 1706, f.13a)。在更低一級的社會階層中，某位鄉下牧師的日記中提到，廢除南特詔令的舉動，被視為路易十四克服私利的虔誠表現，並以「偉大」來描述路易十四(Dubois, 1965, pp.70, 175)。

威尼斯大使們的報告中，極有系統地記錄下外國對路易十四形象的反應，由於這些大使立場中立，他們的話可信度很高。英國人──包括艾狄遜、伊夫林(Evelyn)、普瑞爾與斯威夫特──的反應比較明顯，但較不公正。我們已經引用過艾狄遜與普瑞爾的話。伊夫林略帶鄙夷地批評「那些皇家諂媚人士，佩羅、夏龐蒂埃、拉查普爾」，以及有關勝利廣場雕像的紀念章「虛榮過火」(Evelyn, 1697, pp. 78, 81)。1680年代拜訪法國的一位英國醫生諾思雷(John Northleigh)，也表示他不贊同路易雕像上的「荒唐」題銘，以及把與基督相關的用詞與圖像(包括「他頭頂上方的榮光」)「褻瀆般地套用」到路易十四身上(Northleigh, 1702, 2, pp.7, 54)。這些批評顯然與那些攻擊路

易十四的宣傳頗爲類似。諾思雷與伊夫林可能是受到他人的影響，才會以這種角度觀看路易十四。不過，雖受到他人影響，並不等於說他們的看法非出自己意。

一位英國的鄉下紳士在他於 1686 年所寫的私人信件中，指責路易十四「對他的新教徒子民極爲殘忍，無人能比」，信中這位紳仕甚至爲路易十四生病一事感到高興(顯然國王瘻管的消息傳得很快)；「我聽說他的身體會發臭，在他死後，他的屍體還會更臭，未來所有子孫對他的記憶也將如此。」(Verney, 1904, 2, p.447)

並非只有英國人受不了法國官方尊榮路易十四的方式。維也納的宮廷對法國大使的「傲慢」，也感到震驚。這些大使在 1682 年爲國王次子出生慶祝時，展示了一則題銘，爲路易十四的皇帝資格造勢(Kovács, 1986, p.75; Polleross, 1987, p.251)。查理十一世指示他的大使，要是傳言屬實，即勝利廣場那座惡名昭彰的雕像上，若眞有呈現瑞典國王露出哀求狀的浮雕的話(圖 72)，大使們就必須離開法國。勃蘭登堡─普魯士(Brandenburg-Prussia)大選侯也對法國以侮辱方式表現其領土內的奧德河(Oder)與易北河(Elbe)，而感到不悅(Ellenius, 1966, ch.5; Geffroy, 1885, pp.lxxii-lxxiii)。一些羅馬居民對法國使節團在 1688 年法國佔領菲力普斯堡後，所舉辦的慶祝活動，感到震驚(Pastor, 1940, p.396n)。根據聖西門的講法，凡爾賽宮內關於「國王史」的那些繪畫，對於「激怒歐洲國家反對路易十四一事，有不小影響」。

然而有一些外國宮廷也算是讓法國很有面子，因爲他們模仿路易十四自我表演的方式。凡爾賽宮尤其被視爲一個模範。

最明顯的模仿例子，便是腓力五世(路易十四的孫子)的西班牙宮廷。里戈爲腓力所繪的肖像，與他爲路易十四所繪的肖像，頗爲相似(圖 73 和 1)。西班牙宮廷依循法國模式，進行改革，國王的曝

72.〈瑞典人回到日耳曼〉, 阿爾諾製, 浮雕, 1686 年。(Louvre, Paris)

光率與接近國王的容易度都有增加。位於拉格蘭哈(La Granja)的
腓力宮殿, 其花園內的雕像都是模仿凡爾賽宮而作——阿波羅、赫
丘力士、拉托娜等等。畫家烏阿塞與建築家科特(Robert de Cotte)
都是既爲腓力工作, 也爲路易十四工作, 年邁的路易國王並曾親身
干預西班牙宮殿的重建與重新裝潢工作。腓力也以法國爲典範, 成
立了藝術學會、語言學會及歷史學會。(Bottineau, 1962, pp.154ff, 167ff, 191ff,
258ff; Moran, 1990, pp.15, 46, 50, 62)

其他的模仿行爲就比較自然。瑞典九世——北方的「北極星」

73. 以路易爲模範。〈腓力五世肖像〉，里戈繪，油畫，約於 1700 年。（Louvre, Paris）

——的建築總監泰辛(Nicodemus Tessin)，曾在凡爾賽宮蒙受路易十四接見，也會晤過勒布朗、里戈、米納爾和其他藝術家，當他在斯德哥爾摩建造皇宮時，他並未忘記他們的教導(Josephson, 1930, pp. 9ff)。同樣的，在紐曼(Balthasar Neumann)接受委託為符茲堡(Würzburg)主教國王建造一座宮殿後，遂於 1723 年拜訪法國，如他所說，去看看「凡爾賽宮」，並把他的計畫請皇家建築師科特過目。難怪符茲堡宮的正面大樓梯，會令人想到凡爾賽宮的使節樓梯(Hansmann, 1986, pp.33, 44)。

　　要列出據說是仿自凡爾賽宮的所有宮殿，數目會相當驚人，從義大利卡塞塔(Caserta)到華盛頓都可看到模仿的影子。人們用以判斷有無模仿的標準也不易確立(Moine, 1984, pp.168f)。不管怎樣，太陽王的宮殿只不過是路易十四形象的一部分。因而，對我們來說，研究三個多處以路易十四為模範的宮廷(倫敦、聖彼得堡與維也納)，會是比較實際的做法。

　　當查理二世於 1665 年成立《倫敦公報》(*London Gazette*)、1675 年成立皇家天文臺，還有在 1681 年成立切爾西(Chelsea)醫院(英國的傷殘官兵療養院)時，他都是以法國為模範。反諷的是，路易的敵人威廉三世對路易十四的模仿，竟比查理更為徹底。威廉雇用法國新教徒建築師馬羅——他在廢除南特詔令後，不得不離開法國——協助其重建位於黑特魯(Het Loo)的宮殿，包括一座凡爾賽宮使節樓梯的複製品。威廉的軍事行動也跟他對手的軍事行動一樣，都以紀念章史紀念，譬如《紀堯姆三世的紀念章史》(1692)(圖 74)(Chevalier, 1692; cf. Speak, 1972；及 Schwoerer, 1977)。換句話說，就連一些最反對路易十四的人，也相當欣賞他的形象製造方式，並以他為榜樣。

　　就個人而言，那位向來都不喜歡路易十四的艾狄遜，建議以小

74. 國王的另一位對手。謝瓦利埃著《紀堯姆三世的紀念章史》卷頭版畫, 1692 年。(British Library, London)

學會爲典範, 成立一所題銘學會。支持威廉三世的蒙塔古(Montagu)公爵一世, 雇用了一位法國建築師爲倫敦的蒙塔古宅邸設計, 他也雇用了一位法國畫家(拉福斯, 路易十四最欣賞的畫家之一)爲這房子裝潢。至於他位於北安普頓郡(Northamptonshire)的鄉間大宅——鮑頓(Boughton)宅邸, 據佩夫斯納(Nikolaus Pevsner)說, 那「或許是英格蘭最具法國風味的十七世紀建築」, 當時有人描述這房子是「以凡爾賽宮爲設計典範, 有延伸的邊屋, 有極佳

的道路、視野與風景」(圖 75)。顯然蒙塔古在擔任駐法大使的那些年裡,品味改變不少。(D.N.B., s.v., 'Ralph Montagu'; Pevsner, 1961, p.105; Boyer, 1703-13, 8, p.371)

1717 年彼得大帝人在法國,他拜訪了凡爾賽宮與題銘學會。回國之後,他請題銘學會爲他在聖彼得堡的騎馬雕像製作題銘(HARI, pp.70, 77)。這位沙皇也以《法蘭西公報》爲模範,成立了一份官方報紙,模仿戈布蘭成立掛毯工廠,以法國的科學院爲原型,設立一所科學院。他建於聖彼得堡的彼得霍夫宮(Peterhof)(圖 76)可被視爲一座新凡爾賽宮,就算外型不像,至少功能類似,但就算是以俄國人的距離標準,這座宮殿也離莫斯科相當遠。勒布隆(J. B. A. Leblond,凡爾賽宮花園設計者勒諾特爾的學生)參與了彼得霍夫宮的設計工作,這座宮殿包括一座避暑巖穴,還有一處稱爲「馬利」的地區(Cracraft, 1988, pp.158, 185)。在聖彼得堡的配置當中也有類似路易十四國寓的建築,不過它們的功能頗不相同——是用來教導俄國貴族西方禮儀。

維也納宮廷模仿法國,模仿得更爲徹底(Moraw, 1962; Ehalt, 1980; Mandlmayr and Vocelka, 1985, Kovács, 1986; Polleross, 1986, 1987; Hawlik, 1989)。從 1658 年統治到 1705 年的李頗德皇帝(圖 77),不但是路易十四的對手,也是他的小舅子——他娶了瑪麗亞・泰瑞莎的妹妹,馬加里塔・泰瑞莎(Margarita Theresa)公主。李頗德也喜好音樂,在其宮廷中芭蕾與歌劇相當風行,最知名的表演是 1668 年的《金蘋果》(Il pomo d'oro),那是一場精采的表演,朱比特與朱諾分別代表皇帝與他的新娘(Biach-Schiffmann, 1931)。

一般來說,李頗德的統治風格理智而不誇張。官方對他的描述是「中庸」,與凡爾賽宮的國王寢宮相比,皇帝的寢宮顯得相當節制。

75. 一座英國的凡爾賽宮。鮑頓宅邸外觀，北安普頓郡，約於 1690-1700 年。

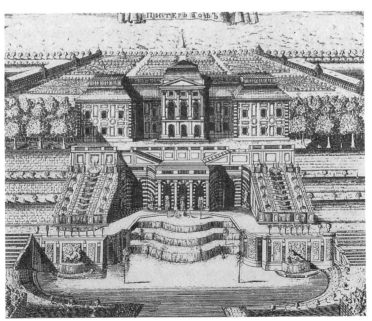

76. 一座俄國的凡爾賽宮。〈彼得霍夫宮設計圖〉，蘇博繪，版畫，1717 年。

77. 路易的對手。〈征服土耳
其的李頗德一世〉，斯坦爾
製。（Kunsthistorisches
Museum, Vienna）

他在世時，人們並未用「偉大」這個形容詞來描述他，這形容詞要
到他於 1705 年過世之後，才用在他身上。李頗德雇用官方史學家（義
大利貴族古阿多普里奧拉多〔Galeazzo Gualdo Priorato〕、柯馬志
〔Giovanni Baptista Comazzi〕），以及將維也納霍夫宮（Hofburg）
重建的舉動，在當時是頗為平常的君王贊助行為。就連把李頗德與
君士坦丁大帝或阿波羅相比（圖 78），也是極尋常的事，我們不應該
把這種舉動視為對路易十四形象的反應。

78.〈阿波羅李頗德皇帝〉，迪特曼與葛羅斯繪，版畫，1674 年。(Bildarchiv, Nationalbibliothek, Vienna)

79. 一座奧地利的凡爾賽宮。〈申布侖宮最初計劃〉，德爾森巴赫依菲舍爾封埃爾拉赫的設計圖所製版畫，約於 1700 年。(Bildarchiv, Nationalbibliothek, Vienna)

80. 一座奧地利的凡爾賽宮。〈太陽的宮殿申布侖宮〉，沃爾夫岡製，
紀念章，1700 年。(Kunsthistorisches Museum, Vienna)

　　另一方面，1667 年在霍夫宮上演的騎兵競技表演倒可以被視為
針對五年前，杜伊勒利那場騎兵競技表演的回應；在維也納建立軍
醫院的行為，靈感則是得自巴黎的傷殘官兵療養院。委託菲舍爾封
埃爾拉赫(J. B. Fischer von Erlach)在維也納近郊的申布侖
(Schönbrunn)建造一座新宮(圖 79)，就絕對是針對凡爾賽宮的回
應，尤其這座宮殿的最初計畫與奧格斯堡聯盟戰爭發生的時間正好
一致。的確，於 1700 年由沃爾夫岡(I. V. Wolfgang)所打造的紀念
章中，申布侖宮便被呈現為太陽的宮殿(圖 80)。因此，我們可以說
這是一場「形象戰爭」，或者說藝術成為戰爭的另一種延續工具(Pol-
leross, 1987, p.239)。不過儘管路易十四的敵人很不願意承認，但從他們
選擇的工具類型來看，他們這種模仿行為，正是一種向路易十四致
敬的舉動。

　　李頗德長子兼繼承人約瑟夫一世(Joseph I)——1705 年統治
至 1711 年——的形象再現方式,與路易十四的形象再現方式又更類
似。1690 年約瑟夫獲選爲羅馬人的國王時, 便是以凱旋進入維也納
的方式來慶祝。他被譽爲「新的太陽」, 申布侖宮的餐廳天花板上,
也有代表他的阿波羅圖案。他的石棺上飾有四次擊敗法國人的浮雕,
其中之一是關於拉米伊戰役。就連入土之後, 他還在繼續與路易十
四競爭(Hawlik, 1989, p.39)。

第十二章

路易十四回顧

> 路易十四不是說過：如果人們能感受到那些皮膚病患者
> 的痛苦，他便會效法過去波里尼西亞酋長的做法？
>
> ——雷納克 (Reinach〔Bloch, 1924, p.52〕)

在之前的篇章中我已描述了路易十四在位期間，其形象逐漸成形的過程，也討論過這些形象的觀眾，以及形象的接收情況。最後，我想要從比較的觀點討論這形象。我將做三種比較。首先，是路易十四與其他同時代君主間的比較。其次，是與較早期君主間的比較，重點放在路易十四與其顧問、藝術家和作家最為熟悉的那些統治者。然後我將回到我在開頭那章中所提到的主題之一，將路易十四的形象與一些現代國家領袖的形象做比較。

路易十四時代

在路易十四那個時代,他並非唯一重視自我表演形式的統治者。

其他人與他競爭，他也和他們競爭，向他們學習，並把自己與他們相比較。就算路易十四與李頗德並未互相模仿，至少路易十四也羨慕李頗德的皇帝頭銜(1658 年選舉神聖羅馬帝國皇帝之時，路易便曾嘗試要得到這個頭銜)。

跟近代早期的其他君王一樣——特別是在 1648 年之後——路易嘗試把自己呈現爲皇帝一般，把他的王國呈現爲帝國一般(Duchhardt, 1981)。舉例來說，描述 1660 年國王進城的官方記載中，魏吉爾《伊尼亞德》(*Aeneid*)中那句著名的「我已建立了一個沒有邊界的帝國」，便被用到法國的君王之上，這些國王被描述爲羅馬皇帝的繼承者。1667年奧布雷的那本《法國國王對神聖羅馬帝國的一些合理權利》，更明白清楚地表達了這項聲明 (Möseneder, 1983, p.105; Aubéry, 1668)。

許多表面看來只是湊巧提到路易十四的文章，都進一步增強了這項聲明。舉例來說，史官之一的維特隆在他所撰寫的題銘當中，把路易十四稱爲「法蘭克人的皇帝」(M. G., June 1684, p.118)。諸多形容路易十四「像奧古斯都一般」，或是這個世界上最偉大的君王的文章，其實都應該被視爲是爲了要支持某些特定的政治聲明。這類文章當然也是一種榮耀他的方式。他使用傳統的帝王象徵(太陽)一事，也該做如是觀，此事意味著就像天上只有一個太陽一樣，世上也只有一位最高君主。

要從歷史觀點審視路易十四的形象製造，我們有必要回到 1660 年之前，或甚至 1643 年之前。在路易十四上一輩值得模仿或超越的典型當中，有兩位君主特別重要：其中一位是他父親，路易十三，另一位是他的舅舅兼岳父，腓力四世。

腓力四世相當注重他的公眾形象。在討論這位國王之時，「形象」這個用語尤爲適當，當他出現在大眾之前，除了嘴唇之外，都能保持紋風不動，「就像一座大理石雕像」，這令像法國大使之類的外國人印象深刻(Hofmann, 1985, p.23n)。不過事實上腓力四世並不常露臉。他參加宗教與外交儀式，有時搭馬車外出，但他比較不喜歡公眾場合。一週只公開進餐一次。

這種扮演國王角色的方式，並非腓力四世所獨有，而是西班牙傳統的一部分，就這傳統而言，莊重寡言是一種崇高的品格。我們不該把穩重清明與不關心自我表演相混淆──眾多留傳下來的腓力四世肖像畫，都足以清楚顯示他相當注重他的形象。我們也可以從腓力四世修改官方儀節一事，清楚看出他對宮廷儀式的重視。因此，我們應該將國王不好動與不愛露臉的表現，視爲宮廷戲劇的一部分。腓力四世不常露臉的這項事實是一種手段，目的是要使他公開露臉時更令人炫目(Brown and Elliott, 1980, ch. 2; Elliott, 1977; Elliott, 1989, chs 7-8)。

對一位像腓力四世這般樸實的君主而言，「炫目」可能不是一個適當的字眼，他通常(就像他的祖父腓力二世一樣)身著暗色服裝──尤其是在他過了中年之後──佩戴簡單的項飾，而非當時宮廷流行的襞襟(圖 81)。委拉斯蓋茲(Velázquez)爲他繪製的肖像畫，便是如此樸素，氣氛含蓄。

不管怎樣，腓力四世還是被比爲太陽，也被描述爲「行星國王」(el rey planeta)。他在世時，也被稱爲「腓力大帝」。1640 年時，義大利雕刻家塔卡(Pietro Tacca)爲腓力四世製作那尊雄偉的騎馬雕像，聳立在馬德里的東方廣場(Plaza de Oriente)上。腓力願意花費大筆金錢，使他能夠風風光光地出現在大眾面前。他在位之時於 1630 年代，在馬德里郊外建立了一座新的宮殿，布恩雷蒂羅宮

81. 路易征服者的模範。〈騎馬的腓力四世〉，委拉斯蓋茲繪，油畫。(Prado, Madrid)

(Buen Retiro, ^{編按：世外桃源之意。})，耗資約兩百萬金幣，包括一間富麗堂皇接見訪客用的御座殿與王國廳(Hall of Realms) (Brown and Elliott, 1980)。也就是在腓力四世在位的 1640 年代，位於馬德里市中心的阿卡沙宮(Alcázar)，興建了那輝煌的鏡廳(圖 82)，用來供國王接見訪客。在為路易十四的婚姻交涉時，法國代表便是在那兒覲見西班牙國王(Orso, 1986)。

腓力四世任命委拉斯蓋茲為他的宮廷畫家，令他負責皇宮裝潢。

82．鏡廳的模範。〈西班牙鏡廳中的查理二世〉，米蘭達繪，油畫。
(Prado, Madrid)

事實上「裝潢」這個用語語氣太弱，畢竟國務廳中的繪畫傳達了相當的政治訊息。馬德里的鏡廳，懸有魯本斯(Rubens)為國王繪製的肖像，畫中腓力四世是阿特拉斯，肩上的地球代表哈布斯堡(Habsburg)王朝做為世界帝國的聲明。提香(Titian)所繪著名的查理五世騎馬像，進一步加強了帝王主題，該畫與一些羅馬皇帝的肖像一起掛在這間房裡(Ibid., ch. 2)。在布恩雷蒂羅宮的王國廳，掛了五幅委拉斯蓋茲所繪的騎馬肖像，還有蘇魯巴蘭(Zurbarán)所繪關於赫丘

83.〈奪回巴伊亞〉，美諾繪，約於 1633 年。(Prado, Madrid)

力士(腓力國王的「神話」祖先)一生及其偉大事蹟的十個描述。這廳中還包括了腓力四世在位時重大勝利的十二幅油畫，較著名的是委拉斯蓋茲所繪的〈布拉達投降〉，以及美諾(Juan Bautista Maino)所繪的〈奪回巴伊亞〉(圖 83)(Brown and Elliott, 1980)。國王的衣著可以樸素，但他的住所必須富麗堂皇。

腓力四世的首相奧利瓦雷斯伯爵(Count-Duke of Olivares)，與愛好藝術的國王及其宮廷畫家，共同負責製作國王的形象。跟他的同代人李希留一樣，奧利瓦雷斯知道繪畫、小冊子、歷史、詩和戲劇具有政治上的重要性。他雇用了詩人克維多(Quevedo)等人撰

寫與特定時事主題有關的小冊子與戲劇，義大利貴族馬耳維澤(Virgilio Malvezzi)則被任命爲宮廷史家，爲國王增添光采(Elliott, 1989, ch. 9; Elliott, 1986, pp.418ff)。奧利瓦雷斯也想分享這種光榮。在〈奪回巴伊亞〉中，美諾不但榮耀那位勝利的指揮官及其君主，也包括了這位大臣。就連在1660年國王進城的官方記載中受到稱讚的馬薩林，也沒做到這一步。奧利瓦雷斯也出現在一幅委拉斯蓋茲爲王位繼承人巴沙薩爾・卡洛斯(Baltasar Carlos)王子，繪製的油畫背景中。我們可以從一件事中，看出此事的政治意義。在奧利瓦雷斯受黜之後，他便被從該畫的複製品中除去(Harris, 1976)。

　　路易十四的母親與妻子都是西班牙人，他很清楚腓力四世的爲君風格。在爲路易十四婚姻交涉期間，法國大使在引導下參觀了阿卡沙宮中的國寓。1660年時，路易十四首次有機會見到了他舅舅(圖21)。

　　1661年的權利衝突表示得很清楚，路易打算超越腓力。他的方法是模仿，不過文藝復興時期所謂的模仿指的是學習一個典範，以圖超越。雖然他從來都不讓考爾白有機會成爲另一位奧利瓦雷斯，路易十四還是有他自己的委拉斯蓋茲，這個人便是勒布朗，他負責保管國王的收藏品，並爲國王自歐洲各地蒐購藝術品(Guillet, in Dussieux, 1854, 1, p.26)。在構想上凡爾賽宮與布恩雷蒂羅宮類似——都是在國都郊外的一座宮殿——兩座宮中也都以展示國王勝利的油畫做爲裝飾。另一方面，鏡廳則模仿——並超越了——阿卡沙宮的鏡廳。凡爾賽宮的每日儀式——比路易十三的宮廷正式許多——便與它所模仿的西班牙宮廷有關。法國朝臣似乎對西班牙的風格相當感興趣，不管怎樣，在1684年到1702年之間，西班牙人格拉西安(Baltasar Gracián)所寫的宮廷生存之道法文版至少發行了八版。路易十四或

許比他的前幾任國王較不常露面，也較不易接近。聖西門便是這麼認為，並批評他所謂「不讓大眾見到，以使自己更值得尊敬」的想法(Saint-Simon, 1983-8, 5, p.239)。

　　國王的官方形象強調他是一位易於接近的人。國王回憶錄明白地將法國的君主風格與「其他諸國」的君主——最明顯的便是西班牙君主——風格做對比，「在那些國家中，國王的威嚴在於不輕易露面」(Longnon, 1928, p.133)。在法國自西班牙手中奪取一些省分之後，耶穌會會員拉許便恭賀這些省分的人民，因為他們現在將能夠見到他們的君王(La Rue, 1987, p.716)。路易十四的葬禮佈道中也提到類似的意思，描述已故的國王為「與那些神祕的國王非常不同，他們隱藏自己，使別人尊敬他們」(Mongin, 1716, p.10)。路易十四當然要比腓力四世更常在公眾前露面。他自我表演的風格既具有威嚴，同時也較開放。在他所制定的凡爾賽宮國寓的習俗之中，他與王后會拜訪各賭桌，甚至參加賭博，以他親近的行為尊榮他的臣下(《雅致信使報》便很快指出這一點) (M. G., Decembor 1682, pp.48-50)。我們可以說路易十四的風格為介於拘謹的西班牙風格與其他十七世紀君主較通俗的風格之間。在這些十七世紀的君主中，又以丹麥的基督(Christian)四世和瑞典的古斯塔夫二世(Gustav Adolf)最為突出，他們喜歡在市集與他們的子民談話。我們已經表示過里戈為路易十四繪製的那幅著名肖像畫，便是企圖在正式與非正式間，達到平衡。西班牙的國王肖像畫會刻意避免展示王權標幟，及國王閒逸自在的模樣。

　　路易十四與腓力四世之間的差別，有可能是因為個性不同，但也可從政治和文化傳統來解釋。腓力四世與李頗德皇帝的樸素風格，是哈布斯堡傳統。我們可以說一個自從十三世紀便開始統治的家族，有極為充分的王位繼承權，不太需要以其他方式進行多少榮耀國王

的工作。比較起來，(雖然有一位早期的波旁王族，曾任那瓦爾
〔Navarre〕國王)路易十四卻只是家族中的第三位法國國王。因此，
路易十四的肖像畫必須更爲壯麗，也更英勇。路易十四比腓力四世
或李頗德需要更多的騎馬雕像，和更多的紀念章。法國政府也比哈
布斯堡更充分使用報紙。就這方面與其他方面來說，路易十四的政
府遵循了路易十三和李希留的政府所走的路線。

李希留與他的助手聖方濟修士約瑟夫神父(Père Joseph，負責
文學)以及總管須伯萊第努瓦埃(Sublet des Noyers，負責建築與美
術)非常重視控制藝術家與作家，使他們爲國家做事，爲國王及其政
府塑造良好的形象。爲了這個目的，他於 1634 年成立法蘭西學會，
並根據個人的文藝才能與政治立場，選派出四十名成員(Mesnard, 1857,
ch. 1)。在李希留的要求下，學會中的一員，貴族巴爾札克(Jean-Louis
Guez de Balzac) 寫了一篇關於《君王論》(*The Prince*)的論文，
將路易十三描繪成一位理想君主。許多小册子之所以撰寫，是爲了
替政府向國內外的批評，提出辯護。其中一本——由方肯(Fancan)
所寫——有一個很適當的標題：「大衆的聲音」(La voix publique)
(Thuau, 1966, pp.177ff, 215ff; Church, 1972)。官方的報紙《法蘭西公報》，於
1631 年成立，每週發行一次，於羅浮宮印刷，李希留的手下勒諾多
(Théophraste Renaudot) 負責編輯(Solomon, 1972, pp.111ff)。

一些官方史學家也記述了路易十三在位時的歷史事蹟。譬如索
雷爾(以小說聞名)、《正義路易之奇蹟》(*Les merveilles de Louis
le Juste*, 1627)的作者馬蒂厄(Pierre Matthieu)，還有杜布雷
(Scipion Dupleix)——在他所寫的《正義路易的歷史》(*Histoire de
Louis le Juste*, 1635)中，他形容路易十三的統治是一連串的「奇
蹟」，並把國王比爲凱撒、克洛維、查理曼和聖路易(Ranum, 1980, pp.99,

129f; Dupleix, 1965)。國王尚在位便以「正義」來描述他，值得注意。詩人馬萊爾布(Malherbe)也以類似的方式，在他的頌詩中稱亨利四世為「亨利大帝」。

政府也很注重表演與視覺藝術。路易十三喜歡音樂與舞蹈，他在位時宮廷芭蕾跟戲劇一樣，都相當盛行。那時期一些表演的政治功用頗為明顯，製作《法軍順利》(*La prospérité des armes de France*, 1640)那齣芭蕾的德馬雷，便是法蘭西學會的創始成員之一。

國王對視覺藝術的興致不高，但他母親與李希留就相當有興趣。1622年時瑪麗・麥第奇(Marie de'Medici)皇后召請魯本斯前來巴黎，以當時的歷史和寓言為材料，畫一套由二十四幅畫所組成的亨利四世在位史及攝政史，就時間與前例而言，或許沒有其他畫比這些畫更接近凡爾賽宮鏡廳內，那些由勒布朗為路易十四所繪的作品(圖84)。皇后也下令當時佛羅倫斯(事實上是歐洲)最傑出的雕刻家吉安伯羅那(Giambologna)，為她丈夫亨利四世製作一尊騎馬雕像，李希留則委託他人在巴黎的皇家廣場，豎立著名的路易十三騎馬雕像。

這位紅衣主教對繪畫的重視更為明顯。他將武埃(Simon Vouet)與普桑召回法國，他也試圖吸引義大利藝術家前來服務。至於版畫，法蘭德斯人比耶(Jacques de Bie)將他的《從紀念章看法國》(*La France metallique*, 1634)獻給路易十三，這當然有助於促成路易十四的紀念章史。

當年輕的路易十四參與宮廷芭蕾時，他不過是遵循他父親的榜樣，路易十三比他更熱愛音樂與舞蹈。著名的1662年騎兵競技表演便是受到1612年騎兵競技表演的影響。1630年代李希留的計畫與

84. 路易凱旋勝利的模範。〈亨利四世凱旋進入巴黎〉分圖，魯本斯繪，約於 1625 年。(Florence, Uffizi)

1660 年代考爾白的計畫，兩者之間顯然頗爲相似。官方出版的那本氣派的《正義路易的凱旋勝利》(*The Triumphs of Louis the Just*)，得力於史學家、藝術家，和詩人(包括高乃依)，路易十四還在世時，這本書便已計畫妥當，但直到 1649 年才出版(Valdor, 1649)。

　　馬薩林是李希留的食客之一，也是考爾白的贊助人，他和其他的許多作家，填補了 1630 年代至 1660 年代間的缺口。舉例來說，夏普蘭在成爲考爾白的顧問之前，是李希留的食客之一。布爾蔡在進入小學會之前，是李希留的文學助理。德馬雷活得夠久，因此，他尚能爲路易十四在 1660 年代與 1670 年代的戰役，撰寫頌辭。在貝尼尼拜訪法國時，考爾白雇請尙特魯(Chantelou)陪同貝尼尼，考爾白此舉是模仿須伯萊第努瓦埃和李希留的榜樣，李希留曾經派遣尙特魯去羅馬，迎回普桑。

前例

從歷史角度來審視路易十四的形象，我們不能局限於法國與西班牙，或十七世紀初期。我們可以從一個惡名昭彰的策略著手，據說這策略出自路易十四之手。這個策略是迫使貴族前來凡爾賽宮以削弱他們，但根據英國大使克魯(George Carew)爵士的說法，這策略其實出自亨利四世。這策略是：「讓他們住在宮中，無法在其他地方變把戲，在宮中以嬉遊和其他無益之事，使他們變得虛弱。」(Carew, 1749, p.453)

就某些方面來說，路易十四的宮廷比較不像他父親與祖父的宮廷，反而更像瓦盧瓦(Valois)諸王的宮廷。法蘭西斯一世(François I)慷慨贊助藝術與文學，當時官方也是如此再現他。他被拿來與君士坦丁和查理曼相比，畫中的他也身著羅馬盔甲。官方以騎馬雕像和羅馬式的凱旋門尊榮他，不過這些建築隨著慶祝活動的結束，也一併毀滅(Lecoq, 1987, pp.217ff, 264ff)。亨利三世被描述為一位太陽王，他參加宮廷芭蕾，支持學會。他還任命了一位大司禮官，並使宮廷儀節(包括與起床和就寢相關的儀節)變得更為繁複正式(Lecoq, 1986; Boucher, 1986, pp.196ff)。路易十四與他的司禮官不太可能不知道這個前例(Bluche, 1986, pp.274, 279)。十六世紀的其他法國君主所施行的公開儀式與路易十四所施行的那些儀式之間的關係，就較不明顯(Giesey, 1987)。

在我們觀察所有用來再現路易十四的媒體時，我們幾乎都可以發現義大利文藝復興與巴洛克傳統所留下的巨大影響。紅衣主教馬薩林對藝術的贊助，便有義大利傾向。他是在羅馬與教皇烏爾班八

世(Urban VIII)相處時，學會當一位贊助人的，他也偏愛義大利人。他雇用義大利人布提(Francesco Buti)擔任他在巴黎的藝術顧問，史特羅希與貝內德蒂則維持了他與羅馬和佛羅倫斯間的聯繫。他將義大利歌手、作曲家、畫家和戲劇製作者帶到巴黎——這些人包括托雷利、加斯帕·維加拉尼，和卡洛·維加拉尼。

與義大利的關聯中有一項特別值得注意，便是巴黎—摩德納這道軸。摩德納公爵(弗蘭切斯科·埃斯特〔Francesco d' Este〕)對藝術很感興趣。他向貝尼尼請教改善宮殿的方法，委託他製作了一幅半身畫像，並雇用加斯帕·維加拉尼擔任他的建築師以及宮廷節慶總監。這位公爵也培養與法國宮廷間的關係。他於 1657 年拜訪巴黎，並提議將他女兒嫁給路易十四，而他本人則娶了馬薩林的姪女(Southorn, 1988, ch. 2)。

在許多方面路易十四都模仿這位公爵。1659 年加斯帕·維加拉尼被召至巴黎，為隔年國王進入巴黎設計凱旋門，他兒子則花費二十年的時間為皇家慶典設計器械。公爵的祕書格拉齊亞尼於 1660 年代領取路易十四的俸祿，並為那位「法國的赫丘力士」撰寫頌辭。弗蘭切斯科一世與路易十四都要求貝尼尼提供宮殿改建的建議，並為他們製作半身畫像，這不太可能只是出於巧合。

如這些例子所顯示，義大利傾向在馬薩林過世之後，依然存在。1666 年在羅馬設立供年輕藝術家學習的法國學院，更增強了這種傾向。事實上，在學院成立之前，前往義大利，尤其是羅馬學習的這種習慣，早已建立。勒布朗於 1642 年至 1646 這四年間，在羅馬度過。1640 年代，吉拉爾東也在羅馬，米納爾則在那兒待了二十多年(1635-57)。

對那些為路易十四工作的藝術家來說，義大利是一個寶庫。在

85. 凡爾賽宮的模範。佛羅倫斯畢蒂宮中的土星廳，科托那裝潢，約於 1640 年。

羅馬，他們發現可利用方尖碑將都市空地轉爲爲教皇慶祝的紀念建築物。在威尼斯，總督宮中的歷史畫，被用來爲政權增添光采。在佛羅倫斯，畢蒂宮(Palazzo Pitti)中的那組套房(圖 85)——與天上的行星相對應——也就是托斯坎尼(Tuscany)大公的住所，看來就像是凡爾賽宮的模範(Campbell, 1977, pp.177ff)。1637 年至 1647 年間，科托那(Pietro da Cortona)爲這些房間裝潢，使用了灰泥細工，鍍金材料與壁畫。這個典範實際上比其他更爲合適，因爲路易十四的祖母是一位麥第奇人。

　　早期那位名喚科西莫・麥第奇(Cosimo de'Medici)的托斯坎尼

大公，幾乎可以確定是路易十四本人或他顧問們心目中的典範。科
西莫從 1537 年統治到 1574 年，將他的大公國變成一個絕對君主國
的縮影。他所統治的人口，不足路易十四治下法國人口的二十分之
一。科西莫是一位傭兵首領的兒子，他父親在沒有子嗣的亞歷山德
羅・麥第奇(Alessandro de'Medici)遇刺身亡之後，成為佛羅倫斯
的統治者。由於欠缺合法性，他遂更為注重藝術的政治用途，以為
他製造良好的公眾形象。

　　舉例來說，科西莫在佛羅倫斯美麗的聖三一廣場(Piazza
Santa Trinità)豎立了一列圓柱，以紀念他戰勝擁護共和政體的流
亡者軍隊。他打造了十二枚紀念章，紀念他在位時的事蹟。他雇用
布隆吉諾(Bronzino)、契里尼(Cellini)和瓦薩利(Vasari)來為他描
繪，讓他在繪畫、雕像與壁畫中顯得英勇神武(Forster, 1971)。他與他
所贊助的那些藝術家，一起出現於畫中(圖 86)。他任命官方史家，
這些人領取俸祿，並可接觸官方文件，但必須提出對麥第奇有利的
敘述。1565 年的盛大慶典，他花費五萬銀幣(scudi)歡迎他兒子的新
娘(神聖羅馬帝國皇帝的妹妹)，慶典中有凱旋門、模擬圍城和煙火
表演等等。他成立了兩所學會，研究義大利文法及字典的佛羅倫斯
學會與設計學會。這些學會是法蘭西學會與皇家美術學會的原型。

　　為路易十四工作的那些藝術家與作家，極為崇拜文藝復興時期
的義大利。舉例來說，夏普蘭便深諳義大利文學，甚至還用義大利
文寫詩(Chapelain, 1964, pp.xvff)。古代與現代孰重的大辯論，以及繪畫
中線條為重抑或色彩為重的大辯論，皆令人想起早先在義大利的那
些辯論。卡利埃爾(François de Callières)在他描述古今之爭的〈詩
史〉中，將支持現代的那些人，劃歸於塔索麾下。阿里奧斯多(Arios-
to)與塔索所寫的史詩廣為人知，也深受敬佩。難怪基諾和呂里的歌

86. 贊助人路易的模範。〈科西莫和他的建築師們〉，瓦薩利繪於天花板。
(Palazzo Vecchio, Florence)

劇《阿米德》(*Armide*, 1686)會以塔索的《解放耶路撒冷》(*Gerusalemme Liberata*)為根據，《魔島的快樂》將阿里奧斯多《瘋狂的奧蘭多》(*Orlando Furioso*)中的一些場景，改編來描述一場馬上比武。1662 年著名的騎兵競技表演便深受義大利典範的影響。將馬上比武與戲劇結合的觀念，溯自文藝復興時期的非拉拉(Ferrara)和

佛羅倫斯宮廷(Strong, 1984, pp.142ff)。

　　節慶或紀念章上使用的題銘(impresa)也屬於義大利文藝復興
傳統。紀念章本身也是如此。上面的圖像也如此，尤其是一些擬人
化的圖形，例如以一位女人的形象代表名譽，以怪獸代表混亂等等，
這些經常是取材自一本對藝術家來說，極有價值的參考書，即李帕
(Cesare Ripa)所寫的《圖像學》(*Iconologia*, 1593)，這本書於 1644
年譯為法文。美尼斯特希耶有關他所謂「形象哲學」的文章，顯示
他對與紋章有關的義大利文藝復興文學頗為明瞭(Menestrier, 1684)。的
確，美尼斯特希耶可以被視為文藝復興現象的再現者，藝術家的「人
文主義顧問」。

　　在風格方面，文藝復興時期的義大利也提供一個、或多個典範，
畢竟有擁護佛羅倫斯風格的人馬，也有支持威尼斯風格的群眾。勒
布朗的「崇高風格」是文藝復興頂盛時期的風格，尤其可說是拉斐
爾(Raphael)的風格。勒布朗的《君士坦丁的勝利》可說是同時對拉
斐爾、考爾白與路易十四表達了敬意。君士坦丁在戰車內接受勝利
女神為他授冠的版畫，是以拉斐爾的一個圖案為範本。版畫是奉獻
給考爾白的，而其所再現的則是一位最常被拿來與路易十四相比的
統治者。同樣的，建築學會會長布隆代爾(François Blondel)的演
講，也不斷出現文藝復興的影子。他在演講中經常會引用到那時期
的義大利主要建築師。

　　這些模仿並不是一昧的盲從，也不是負有傳統「重擔」的範例。
法國的藝術家與作家只從義大利的資源中，選取他們可以利用的模
範。他們雖然尊敬義大利的成就，但其中有些人還是認為他們可以
超越這些先人的成就(Perrault, 1688-97, 1, pp.61-3)。

87. 聖路易的路易。〈路易成爲聖路易〉，畫者不詳，約於 1660 年。(Poitiers, chapel of Jesuit College)

　　路易十四形象與中古傳統間的關係，就頗爲不同。在這方面我們見到的多少是無意識的文化延續，而非模仿與競爭。加冕禮儀式遵循的是中古的法國先例。路易十四在位前期的審判會議也是如此。正式的國王進城是中古習俗，不過這種習俗在文藝復興時期依據古羅馬的慶祝勝利模式重新建構，有戰車、戰利品、凱旋門等等。在中古時代後期的勃艮第宮廷中，繁複的禮節是其特色之一──事實上，十六世紀中葉一些西班牙宮廷的儀式形式，便是取自勃艮第。

　　一般來說，十七世紀的法國人對中古時期的文化，評價不高。他們多半鄙視這個黑暗時期，並把這時期與野蠻和「哥德人」聯想在一起(Edelman, 1946; Voss, 1972)。但不管怎樣，路易十四與克洛維、查理曼和聖路易間的關聯，還是深受重視(圖 87)。就某些方面來說，

中古的君王提供了再現路易十四公眾形象的典範。路易十四被塗以據傳說是一隻鴿子帶給克洛維的聖油。他穿戴繡有百合花的傳統國王斗篷。他使用傳統的國王權力象徵——王冠、權杖、寶球、寶劍、戒指等等(Schramm, 1939)。他也執行其他的中古儀式(譬如國王進城與審判會議)，儘管這些儀式在十六世紀有所轉變，它們基本上仍保留了中古儀式的面貌。他觸摸病患，為窮人洗腳。我們可以說路易十四還算世俗，他明白當一位神聖君主的好處，譬如波舒哀便一直為他宣揚這方面的形象(Bossuet, 1967)。或許他與之前的那些梅洛文王朝(Merovingian)的統治者不同，他並不相信長髮的神奇力量，但他還是頭戴他那著名的假髮。

在位期間，路易十四並不很欣賞這些中古典型，但他也不完全排斥它們。他跟中古的統治者不同，他並不常戴王冠，持權杖或正義之手——一根頂端有手形裝飾的節杖，代表國王最高審判官的角色。在他放棄舉行審判會議之後，路易十四便不常坐他的御座。1684年接見阿爾及耳特使、1686年接見暹羅公使，以及1715年接見波斯公使時(圖68)，他都坐在御座之上，但其他時候甚少坐。由此我們覺得御座已淪為古代的遺物，只是用來向東方人炫耀之用。

就連再現國王的方式，也偏離了傳統的王權表徵，畫中他經常只身著平常服裝，坐在一張椅子上，手持指揮杖，而非持權杖以顯示他的權威。在里戈所繪的著名國王肖像畫(圖1)中，展示了一些傳統的象徵，但這些象徵所傳達的意義是間接的。路易十四身穿國王斗篷，但斗篷開啟，顯示裡面的現代服裝。他手持權杖，但姿態並不符合傳統。他佩掛國王寶劍，但畫中只露出劍柄。觀眾見不到寶球，「正義之手」則放在椅子上不顯眼的位置。

路易十四的手下所知道的另一個統治典範，是拜占庭的統治方

式。1660 年代出版了一本關於拜占庭史學家的華麗對開本，這本書是題贈給考爾白。或許凡爾賽宮的人並不知道十世紀的君主君士坦丁七世所撰的那本著名大作《論拜占庭禮儀》(*De cerimoniis aulae byzantinae*)，這是一件頗爲可惜的事，畢竟路易十四與拜占庭皇帝頗爲相像(Kantorowicz, 1963, p.165)。

皇帝的肖像前燃有蠟燭，早上覲見皇帝，在皇帝旁坐、站，甚至俯身致敬，都有正式儀節規定。皇帝被描述爲「帶來和平的人」，被描述爲虔誠、賜福者，或是僧侶，或是擁有絕對權力的君主，或上帝的助手，或太陽。一些皇帝的錢幣上，鑄有題銘「無敵的太陽」。

要是現代的讀者想起拜占庭的皇帝也曾聲稱其統治全世界的話，他們就不會覺得法國國王自稱爲宇宙君主這件事，太敎人吃驚(Treitinger, 1938)。跟後期的帝王一樣，路易十四被描述爲「一位現代君士坦丁」，這種比喻非常適合，因爲(正如最近的歷史學者所強調的)君士坦丁本人也很淸楚宣傳的價值。波舒哀便稱譽路易十四爲君士坦丁，或許他也自視爲一位現代的恩彪(Eusebius)——那位塞沙里亞(Caesarea)主敎，他以撰寫君士坦丁的頌辭、敎會史，及處決宗敎異端等事知名。(Bossuet, 1961, p.340; Drake, 1976; Warmington, 1974; Barnes, 1981; McCormick, 1986)著名的古羅馬君士坦丁凱旋門爲路易十四的凱旋門提供了靈感與典範，不過，如查理·佩羅所明白指出的，路易十四的凱旋門更見宏偉(Perrault, 1688-97, 1, p.80)。

拜占庭的諸位皇帝利用了羅馬的帝王傳統，關於此事，我們有較充分的證據。在路易十三時代，巴爾札克曾建議模仿羅馬的帝王崇拜。典禮專家——譬如戈弗雷和松多(Saintot)——研究羅馬皇帝的儀節(Hanley, 1983, pp.330ff)。指責勝利廣場上的雕像將路易十四神化的人或許不知道，當他們引用古羅馬人的神化行爲來醜化路易十四

之時，他們的批評，其實比他們所知道的還要準確(Saint-Simon, 1983-8, 1, pp.629-30; Choisy, 引自 Gaiffe, 1924, p.10)。

　　路易十四的形象與古典傳統間的關係，本身便是一個值得以專文討論的主題，瓦堡(Aby Warburg)的作法即討論十七世紀人民對古代的看法，以及將古典形式及形象賦予新功用，置於新脈絡的情形。縱然有時建築家與藝術家會選擇偏離古羅馬的典型，但他們對這些典型仍然是相當清楚。克勞德‧佩羅出版了羅馬建築師維特魯威(Vitruvius)所寫的論文譯本，也為羅浮宮設計了「法式」圓柱，以表示現代法國足以與古羅馬爭勝。布隆代爾喜歡將現代武器列入他的戰利品中，包括毛瑟槍、大砲，甚至炸彈(他是炸彈專家)，但他也喜歡在設計時引用羅馬先例，包括圖拉眞的紀功柱、提塔斯(Titus)凱旋門(三角壁龕上刻有帶翅的勝利諸神)以及君士坦丁凱旋門(及其太陽) (Blondel, 1698, part 4, books 11-12)。

　　由於法國城市中留存有古代紀念建築物——例如理姆斯的戰神門——考爾白和他的建築師們對古典前例並不陌生(Petzet, 1982, p.162)。雕刻家前往羅馬研究古代的雕像，回來後再傳授學生關於拉奧孔、法爾內塞的赫丘力士以及望樓的阿波羅雕像的知識(Lectures by G. Marsy, J. van Obstal and M. Anguier, 1667-9)。出於政治與美學理由，考爾白將古代雕像與及(包括圖拉眞紀功柱的)石膏模型帶回巴黎，以向外國人炫耀，並顯示巴黎是一座現代羅馬(M. G., July 1682, pp.138-9; Perrault, 1688-97, 1, pp.191-2)。

　　路易十四的騎馬雕像經常是以古羅馬朱比特神殿的奧里略皇帝(Marcus Aurelius)雕像為模範。皇家美術與雕刻學會便展示了這座雕像的石膏模型，1686 年時暹羅公使便於該地見到這模型(M. G., September 1686, part 2, p.362)。吉拉爾東是遵循這座典範的雕刻家之一，

不過他總會使他的雕像體積更大(Boislisle,.1889, p.118n)。官方曾因是否要爲勝利廣場的路易十四雕像鍍金，起了一場爭辯，這事也與奧里略的例子有關(M. G., June, 1687, part 2, p.48)。紀念章製作者在形象與題銘方面，也遵循羅馬前例，不過他們有時也很樂意偏離這些前例。諸如像勒布朗與德雅爾丹等把路易十四描繪爲赫丘力士的藝術家，是不大可能不知道羅馬皇帝也是被如此描繪的。

古羅馬文學(或某些希臘文學)與十七世紀法國文學間的關係，要比兩者在視覺藝術方面的關係來得更爲密切複雜,因爲作家(跟藝術家不同，或遠比藝術家佔優勢)可以假設讀者頗爲熟悉古典作品。基於這種假設，作者得以靈活使用引句與典故。

如果波舒哀是現代恩彪，布瓦洛則將自己呈現爲現代賀瑞斯，考爾白是他的梅森納斯，路易十四則是他的奧古斯都。跟賀瑞斯一樣，他撰寫頌詩、諷刺文、以及《詩藝》。費利比安與其他人爲路易十四做的散文描述，也是遵循古典藝術作品的描述傳統(Cf. ch. 2, n. 41)。歌頌國王的正式頌辭，甚至在國王生日呈獻頌辭的習慣，也是襲自古典先例。耶穌會會員拉博納編輯古典頌辭，同時也撰寫現代頌辭。普里尼(Pliny)爲圖拉眞皇帝所寫的頌辭尤爲知名。對於那些讀不懂拉丁文或希臘文的人來說,他們可得到的翻譯文章愈來愈多。

舉例來說，班塞哈德將奧維德(Ovid)的《變形記》(*Metamorphoses*)譯爲韻文，路易十四則下令將這本譯書附以插圖出版，毫無疑問，這是因爲此舉可以幫助觀眾解讀許多尊榮路易十四的寓言繪畫。作家視古羅馬爲一個必須超越的對手。他們也使用已超越羅馬的這個觀念，來榮耀路易十四。把著名的今古「書本之爭」簡化爲爲路易十四宣傳的手段，當然頗爲荒唐。但不管怎樣，在路易十四是一位現代奧古斯都這句陳腔濫調之中，或——根據馬蒂蘭(Mathurins)修道院國王半身像上的題銘——「比奧古斯都更奧古斯都」這句話中，都存在有政治意味(M. G., September. 1682, p.52)。

　　古典學者曾指出，奧古斯都非常在意他的大眾形象，就此進一步研究路易十四與奧古斯都兩者間的比較，或許更有意義(Charlesworth, 1937; Syme, 1939; Price, 1984; Zanker, 1987)。這兩位領袖之間的相似之處，的確不得不令人注意。奧古斯都身材矮小，爲了要讓他看來較高，他足踏高跟鞋(Syme, 1939, p.480)。在他的回憶錄中，他提出了自己對其統治表現的詮釋。人們相信他與阿波羅有特殊關係(Gagé, 1955, pp. 499ff)。他被描述爲朱比特。奧古斯都有許多雕像豎立在公共地區，羅馬與其他地區都有，他的雕像再現他：「冷漠、威嚴、英勇」的形象(Syme, 1939, p.385)。個人也可以在家中放置奧古斯都的肖像，以示忠誠，鄉下的市鎮則將他尊爲神明、拯救世界的人，以及地球與海洋的君主。(跟路易十四一樣，羅馬皇帝以一些像是世界保護者或世界維護者的頭銜，強調他們對這個世界的力量。)(Zanker, 1987, pp.264ff; Syme, 1939, p.519)跟其他的皇帝一樣，奧古斯都在刻有他肖像的硬幣和雕像上，都把皇帝的形象與勝利的圖像相結合(圖 88)。他奉獻了兩座方尖碑給太陽。他舉行節慶以鼓勵民眾忠誠。在梅森納斯的協助之下，一些作家得以爲皇帝效命，這些人包括了魏吉爾、賀瑞斯與史學家李維(Livy)。

　　這兩位統治者再現形象的方式，也有不同之處，這些差異也值得注意。奧古斯都取代了一個共和國，因此，他有必要修改政治溝通的語言(包括文字與視覺)以再現他領導者的地位(Zanker, 1987, ch. 1)。他總是被描繪成永遠年輕、充滿活力的模樣；而路易十四的形象，如我們所見過的，卻顯示出他本人漸趨深思熟慮的老成。奧古斯都喜歡簡單，要是他看得到凡爾賽宮的話，他大概不會喜歡凡爾

88.〈克勞狄烏斯皇帝〉，瑪瑙浮雕。(Cabinet des Médailles, Bibliothèque Nationale, Paris)

賽宮的華麗裝潢。他比路易十四更在意人民是否贊同。他出現於劇
院中，以讓羅馬人民見到他，他甚至與他們交談(Ibid., pp.151ff)。

　　兩者之間相似處之多令人驚訝，但我們不可以認為這些相似(甚
或相同)的形象，在兩種不同的環境中，具有相同的意義。舉例來說，
阿波羅是羅馬官方眾神之一，在路易十四時代，則是一則基督教寓
言。這兩個時代的政治與文化差異是根本性的，只是這種差異由於
十七世紀對古典傳統的尊敬，尤其是對奧古斯都時代的尊敬，而變

得不明顯(Perrault, 1688-97)。

羅馬人對凱撒、奧古斯都與後期皇帝的崇拜，與希臘和東方傳統有相當大的關係。舉例來說，奧古斯都的陵寢便建得像一座金字塔，好像他是另一位法老王一般(Blondel, 1698, p.164)。對凱撒與路易十四來說，亞歷山大是一位偉大的英雄。亞歷山大不但征服了大半個已知世界，也以波斯或埃及爲典範，建立了新式具有繁複宮廷禮儀的統治風格。東方的俯身致敬禮儀便是如此流入西方的。至少有十三座城市以亞歷山大之名建立，此外，計畫將整座亞索斯山(Mount Athos)變成一個巨大的亞歷山大像，也都顯現出統治者崇拜的意味(Taylor, 1931, pp.18ff, 74ff)。

我們很難斷定說路易十四時代的學者對東方的統治者崇拜，有多少了解。布隆代爾和查理·佩羅都把埃及方尖碑當做他們自己時代的典型，他們也知道埃及人崇拜太陽(Blondel, 1698, p.164)。我們想知道他們是否曾把六世紀波斯薩桑王朝(Sasanid)國王霍斯羅夫(Khusrau, Khosrow)宮中的宇宙廳(當時至少有一份學術刊物討論此廳)，當做凡爾賽宮的前身(Herbelot, 1697, p.997)。在當代人羅特魯(Jean Rotrou)所寫的一齣劇中，主角便是霍斯羅夫(科斯羅埃斯，Cosroès)，該戲的背景是在波斯波里斯(Persepolis)宮殿(Rotrou, 1649)。不過，像「天賜」之類的形容詞，被用來形容路易十四，不太可能是因爲歌頌路易十四的人存心模仿那些用來形容阿卡德帝國(Akkad)和蘇美(Sumer)統治者的形容詞(L'Orange, 1953; Seux, 1967)。路易十四的形象製造者更不可能會知道在遙遠的日本與祕魯文化中，傳統上統治者便是被與太陽聯想在一起。

在夏威夷，國王、神祇與太陽間也具有關聯(Sahlins, 1985, pp.18, 19n)。這麼多不同的文化竟然會使用同樣的權力象徵，並不足奇。政

治秩序與宇宙秩序類似，是一個長久以來一直存在的事實，人們藉著將政治秩序自然化，使其成爲唯一可能的體系，並使這制度顯得合法。

二十世紀

到目前爲止，我們在從歷史角度研究路易十四之時，均是回顧路易十四之前的歷史。我們拿路易十四與其他的一些君王比較對照，以發現他自我表演的方式有無不尋常之處。由於國王和爲他做事的藝術家及作家們也會回顧歷史，我們的確是有必要討論他們對過去不同時代與不同統治者的看法。

我們不能漠視一個事實，就是我們的觀點與他們觀點必然有所不同。在路易十四與我們之間相隔有三個世紀之久，這段期間，再現統治者的方式已經有了許多改變。不管我們有沒有注意到這個事實，我們在審視十七世紀之時，我們的看法無疑會受限於我們身爲二十世紀人的經驗。爲了避免犯下時代錯置的判斷，我們在進行比較時，必須要清楚明確。的確，如果我們明白這兩個時期間的異同，我們可能可以更進一步了解我們自己的時代與路易十四的時代。因此，在本章——以及本書——即將結束之際，我想比較一下十七世紀與二十世紀的媒體，還有路易十四的形象與一些現代國家領導人的形象。

有時研究二十世紀媒體的學生在研究較早時期時——包括法國大革命之前的所謂「舊體制」——所根據的假設並不完善。例如一篇寫於 1920 年代，研究宣傳的著名文章。這篇文章說自從路易十四之後，「時代已經改變」，文中也說，宣傳與「公共關係這個新職業」

的興起是二十世紀的現象，這種現象之所以出現，是因爲第一次世界大戰的影響，但在各種想法自由競爭的民主社會中，這種現象是必然會出現的(Bernays, 1928)。

另一篇研究現代世界，但是卻因爲對舊體制的假設錯誤而有瑕疵的文章，是1960年代美國文化史家布爾斯廷所發表關於「形象」的一篇論文，這篇論文很有洞見，也引人深思。在這篇文章中，布爾斯廷主張說十九世紀末二十世紀初所謂的「平面藝術革命」導致所謂「假事件」的興起，這用語可以指一件爲了媒體而上演的事件，也涵蓋一件尙未發生，便已受到報導的事件(Boorstin, 1962, ch. I)。我希望我已經顯示出布爾斯廷的這個用語在分析十七世紀的媒體(包括報紙、紀念章與版畫)時，也頗有用處。在路易十四的時代，表面上看來是自然發生的事情，有時是頗爲小心籌劃過的，從爲法軍勝利公開慶祝，到爲國王豎立雕像都是如此。

同樣的，一篇1970年代的研究使用了諸如「劇場國家」與「政治界的明星體系」等用語，來描述甘迺迪和戴高樂、龐畢度和卡特的世界。作者將這個「政治個人化」，強調爲候選人包裝以獲得權力的現象，與以前(不管是何時)的體系(在之前的時代，是由政治家自己撰寫演講稿，個人政見具有相當大的重要性)兩相對照。他認爲這種差異是因爲電影——包括羅塞里尼(Rossellini)的《路易十四》——與廣告的影響(Schwartzenberg, 1977)。

本書讀者應該能清楚看出這種主張的誇大不實之處。在十七世紀之時權力便已個人化。李希留紅衣主教與路易十四雇人捉刀，代撰演講稿、回憶錄，甚至還有信件。現今呈現政治家的方式，有可能是像呈現產品一般，但我們也可以說現今吹噓產品的方式，在以前便已存在，只是當時是用來頌揚君王。

　　早在電影出現之前，人們在觀察政治現象時，便已受到戲劇的影響。當熱那亞總督於1685年抵達凡爾賽宮之時，一位當代的觀察家——他正好是一位劇作家當諾德維塞——便說：「他必須扮演的角色並不容易。」(M. G., May 1685, p.339)在我們身處時期，把政治與戲劇相比是很尋常的事。對與路易十四同時期的人以及對後代的人來說，太陽王是一位明星。

　　諸如希特勒、墨索里尼和史達林，還有法國與美國總統(但他們較不徹底)等二十世紀統治者所用以說服民眾的手段，就某些方面而言，與路易十四所使用的手段挺相像(Burke, 1939-40; Biondi, 1967; Melograni, 1976; Stern, 1975; Kenez, 1985; Kershaw, 1987)。舉例來說，壯麗的官方建築與雕像使觀眾覺得渺小，意識到統治者的力量。還有英雄全知無敵，終將戰勝邪惡與混亂勢力的神話。臣民熟睡時，領導人仍在夜裡工作的形象。早在墨索里尼(或拿破崙)的這種形象流行之前，拉布呂耶爾便描述說：「我們休息，國王則……獨自看護我們和整個國家。」(La Bruyère, 1693, p.544)出版官方報紙，將作家組成官方學會，負責出版權威的字典與百科全書的做法，也是古今類似。就連像墨索里尼堅持以大寫印他的領袖(DUCE)頭銜，也與路易十四的名字出現在印刷時的樣子相似。這兩位統治者都以現代奧古斯都的姿態，出現於大眾之前(Kostof, 1978)。如果詹森總統(Lyndon Johnson)在接受膽囊手術時，他的私處是人們關注的焦點，那麼路易十四在治療瘻管時，也是如此。

　　我們在回顧歷史時，會發現將紀念摧毀海德堡的紀念章禁止發行，以及將奧利瓦雷斯自巴沙薩爾・卡洛斯畫上刪除的做法，極類似於《蘇聯百科全書》中托洛斯基(Trotsky)一條被刪除的做法。指示法國自治市主動在市中心廣場為路易十四豎像，與俄國革命時期

史家所謂的「自動自發的神話」相當符合(Kenez, 1985, pp.153, 237)。薩爾路易與路易斯安那的命名，就像列寧格勒的命名一樣，表達了個人崇拜。攝政時期的反路易行為，就像是以消除史達林為模範的「去路易化」(delouisfication)活動。從另一方面來看，我們可以視蘇聯科學院為對路易十四的法國的一種尊敬——或者更精確點來說，這學院延續了彼得大帝為尊敬法國的學會所建立的機構。

這些相似點當然令人驚訝。不但讓我們想起各時代中儀式、神話與象徵的重要性，也提醒了我們某些神話與象徵在西方社會中延續下來的事實(Kertzer, 1988; Kantorowicz, 1963)。不過，我並不願意簡化此事，以一句「怎麼改變，都是一樣」帶過。現代統治者的形象，特別是現代政權的形象，在某些重要的方面，的確不同於路易十四的形象及其同時代君主的形象。

最顯而易見的差異是技術性的。路易十四藉由印刷、雕像和紀念章呈現他的形象給大眾，二十世紀的統治者則愈來愈倚重照相、電影、收音機與電視機。新式的電子媒子也有其要求。舉例來說，政治演說轉為辯論與問答便是一種結果(Mickelson, 1972, p.46)。不過，這些「電子媒體統治者」與前人之間的對比，總是受到誇大。

更重要的是出現了由公眾選舉所決定的合法性。一位國際律師在1758年指出，路易代表上帝，後代的君王則代表國家(Vattel, 1758, pp.42ff)。法國大革命是舊體制(在這種體制中，沒有必要說服民眾)與現代國家(民眾是宣傳的主要目標)兩者之間的分水嶺。以民眾為對象的通俗性報紙出現了。據說有家報紙《杜謝納爸爸》(*Père Duchesne*)曾賣出一百萬份。文盲可以聽其他人閱讀這些報紙，或觀看政治圖像，或參與譬如說慶祝革命的聯邦節慶。也難怪在這時期出

現了改變政治信仰的觀念，與政治宣傳的觀念(Leith, 1965; Ozouf, 1976; Schieder and Dipper, 1984; Chartier, 1990)。

從那時起，宣傳的手法便變得愈來愈繁複，特別是在美國，這與總統制、民主選舉，以及新的傳播方式有關。有人說早在 1820 年代，隨著候選人傳記的興起，在美國總統選舉活動時，形象製造便很重要(Heale, 1982, p.51)。專業的競選人員可溯自 1930 年代的加州與「競選公司」(Perry, 1968)。這些代理者的興起，與「包裝」的觀念息息相關。如 1952 年共和黨主席所言：「以企業推銷產品的方式，推銷你的候選人。」(McGinniss, 1968, p.27)

曾經有人認為說，1917 年之後的俄國「比任何其他國家充斥更多的宣傳」，也就是說刻意要「創造一個適於在新社會中生活的新人性」。「以前沒有哪個國家曾有如此野心，也沒有任何領袖曾如此注意說服的重要性。」(Kenez, 1985, p.4)一些用來宣傳的方法頗為傳統。舉例來說，斯摩稜斯克(Smolensk)黨委員會強調要「壯麗、耀眼、誇張」，以影響年輕人，並支持成立革命假日。其他用來說服的方法則較新，較明顯的是張貼海報、張貼報紙，還有特別的宣傳火車，船上播放電影，有圖書館及印刷品的輪船(Ibid., pp.62, 91, 109)。

1789 與 1917 年的最初目標都是慶祝革命。企圖掃除統治者的雕像與統治者本人殘留的餘味。路易十四的大多數雕像於 1792 年遭到破壞。1917 年之後，沙皇的雕像被自莫斯科與列寧格勒的廣場上除去，代以通俗受歡迎的革命英雄雕像(Bowlt, 1978)。

就長遠來說，統治者回歸民間，他們進入總統府。他們被以更通俗的風格來呈現。在較早時期偶爾也曾出現這種通俗風格的例子，在瑞典古斯塔夫二世的時代，或者，當然，在奧古斯都時代都有這

種例子。皇室肖像畫的興起——所謂「國王平凡化」——便明白顯示了這種風格改變(Schama, 1988)。

　　法國國王路易腓力(Louis-Philippe)便是一個例子。路易腓力是在 1830 年革命之後上台掌權，他被呈現爲一位接近臣民，與他們沒有太大差異的統治者。因此，在他的第一幅官方肖像畫中——他跟之前的查理十世不同——並沒有明顯的王權象徵物品(譬如王冠、加冕袍服)，他的視線也與觀眾的視線同一水平(Marrinan, 1988, pp.3ff)。這種平等主義，不管是眞的還是假的，在路易十四的時代是不可思議的。這種做法是傳統的君王觀念與法國大革命的觀念兩者折衷的結果。

　　同樣的，我們可以說列寧晚年的形象是俄國大革命的理想與沙皇傳統的折衷。列寧的生活風格簡樸，他避開藝術家與攝影師(Tumarkin, 1983, p.63)。然而，在他過世之前便已出現列寧崇拜，譬如頌揚他的詩、傳記、海報，以他的名字命名的學校、工廠、礦坑和集體農場(Ibid, pp.80, 88, 95f, 107, 131)。

　　在今日，主要的政治語言是自由、平等與博愛。人們認爲權力來自於「人民」，公眾紀念建築物應榮耀「一位不知名的軍人」，或一位代表大家的工人英雄。選出來的領導者必須想到選民，就連不民主的統治者也經常聲稱他們的權力來自人民。社會階級間的距離已然廢除，或似乎已然廢除(這跟電視攝影機的入侵及有意識的選擇有關)。製造親近人民的形象有其必要，爐邊談話，一次握手數小時等等。維持尊嚴是危險的，因爲這意味冷漠。現今的重點是活力與年輕。墨索里尼絕對不是唯一在大眾面前以喜愛戶外運動者甚或運動家形象出現的人(Pozzi, 1990)。有時候，宣傳人員和競選人員會建議候選人修改他們的肢體語言，以符合大眾領導人的角色。

路易十四聲稱他的權力來自上帝，而非人民。他並不需要培植選民。他的媒體不是大眾媒體。他被呈現為──的確，他必須被呈現為──一位特別的人，天意選定的救世主。十七世紀君主與二十世紀領導人間的對比，並非虛飾與真實間的對比。只是兩種不同風格的虛飾之間的對比。

名詞集解

ABSOLU／絕對

　　菲雷蒂埃在他的字典中將這個字定義爲「沒有任何條件，沒有任何限制」。舉例來說，斯潘亨將 1661 年之前的時期描述爲「政府的絕對權力掌控在首相手中」。換句話說，就是馬薩林掌權的時代。路易十三的官方史家之一，杜布雷，則聲稱「除了路易之外，沒有其他國王可以握有絕對的權力」。

ACADÉMIE FRANÇAISE／法蘭西學會

　　成立於 1635 年，是最具聲望的學院，有四十名學者。

ACADÉMIE DES INSCRIPTIONS／題銘學會

　　參見小學會。

ACADÉMIE ROYALE DE PEINTURE ET DE SCULPTURE／皇家美術與雕刻學會

　　成立於 1648 年。

ACADÉMIE DES SCIENCES／科學院

成立於 1666 年。

APPARTEMENTS／國寓

這個名詞在當時不僅意指凡爾賽宮的國寓，也指當時每週開放三次供大眾參觀的習俗。

BALLET／芭蕾

這個時期的宮廷芭蕾是一種音樂劇，以舞蹈爲主，也包含歌唱。

CONSEIL D'EN HAUT／樓上會議

這名稱源自開會的地點，這會議是國務會議，國家的首要大臣每週與國王開會，決定一些首要的事務。

CONSEIL SECRET／樞密會議

相當於英國的「樞密院」（Privy Council）。

ESTATES／三級會議

由法國某些省分的教士、貴族和「第三等級」三個等級的代表所參加的定期會議。這些省分爲阿圖瓦、不列塔尼、朗格多克、諾曼第(至 1650 年代)、勃艮第、多芬和普羅旺斯。1614 年到 1789 年間代表全法國的全國三級會議並未開會。

GRATIFICATION／報酬

國王的禮物，通常是恩俸。

HISTOIRE DU ROI／國王史

當代人對於國王歷史的稱呼，國王史不僅包括對國王事蹟的文字描述，也包括描繪國王事蹟的油畫、掛毯、版畫和紀念章。

HISTOIRE MÉTALLIQUE／紀念章史

以編年順序排列，由再現國王在位期間諸事件的紀念章所描述的國王史。有關路易十四在位事蹟的紀念章史共有兩套，其中之一並非出自官方之手，而是耶穌會會員美尼斯特希耶所編製，1689 年出版；另一套由小學會所製作，1702 年出版。有關進一步的資料，參見附錄一。

INTENDANT／總督

中央政府在省的代表。在十七世紀，當中央集權變得愈來愈有效之時，總督的地位也逐漸提高。

JETON／紀念幣

政府於每年一月一日所發行的一種紀念章。

LIT DE JUSTICE／審判會議

字面解釋為「正義之床」(bed of justice)，係指國王正式拜訪最高法院，會議的目的大都是為了屬行國王詔令的登記。

LIVRE／里弗

一種計數單位。跟傳統的鎊、先令、便士一樣，一里弗等於二十蘇(sou)，一蘇等於十二丹尼爾(denier)。

PARLEMENT／最高法院

這不是英語中的國會，而是最高法院。擁有最高法院的省爲艾克斯、柏桑松(1676 年起)、波爾多、第戎、道埃(1686 年起)、格勒諾勃、波市、勒恩、盧昂、土魯斯。巴黎最高法院爲全國最高法院。

PETITE ACADÉMIE／小學會

起初是法蘭西學會的一個委員會，由考爾白成立，以監督榮耀國王的事務爲目標。這個機構在 1696 年獨立，改名爲皇家紀念章暨題銘學會；1701 年改名爲題銘暨紀念章學會；1717 年改名爲題銘暨文學學會。

SURINTENDANT DES BÂTIMENTS／建築總監

負責皇家建築的官員，亦即當時英語世界所稱負責「國王工程」(King's Works)的官員。1664 至 1683 年間，考爾白握有這個職位。

附錄一

路易十四的紀念章

　　要統計出路易十四的紀念章一共有多少，並不如表面看來這般容易。要確定這些紀念章的鑄造日期，則更爲困難。

　　首先，光是「路易十四的紀念章」這個講法便不夠精確。紀念章和紀念幣(jeton)是不能混爲一談的。紀念幣體積較小，發行的數量也較多(Jacquiot, 1968; cf. M. G., January 1682, pp. 53ff)。另一個問題就是並非所有再現路易十四的紀念章，都是出於路易十四之手。舉例來說，巴黎市在 1671 年便打造了著名的路易「大帝」紀念章(圖 25)。

　　就算我們在統計路易十四所打造的紀念章時，以 1723 年官方所出版的紀念章史爲依據(包括有 318 枚紀念章)，我們也可能出錯。這本紀念章史中包括兩枚再現路易十四過世的紀念章，如此，這兩枚紀念章應該歸屬於他的繼任者。此外，官方所出版的紀念章史中，至少故意漏列了兩枚紀念章，其中一枚再現勝利廣場上的雕像，另外一枚則是魯塞爾(Roussel)所製，再現摧毀海德堡的紀念章(Jacquiot, 1968, pp. 433ff, 617ff)。依此計算，官方紀念章的總數爲 318 枚。如果我們將 1702 年的版本和 1723 年的版本相比照，我們又可以看出一些差異。每一個版本都有一些另一個版本所沒有的紀念章。把這

兩種版本的紀念章加起來，共有 332 枚。如果把那些禁止發行的紀
念章也算進來的話，共有 334 枚(N. R. Johnson, 1978, p.52)。

　　要想確定這些紀念章的打造日期更為困難。人們往往認為紀念
章上所顯現的日期，便是紀念章的打造日期，而非紀念的事件所發
生的時間。就晚期的紀念章來說，這種看法與事實相去不遠，但是
就大約 1685 年之前的紀念章而言，這種看法就極為謬誤。因此，我
們有必要仔細劃分事件發生的日期、紀念章打造的日期，以及將紀
念章史內的紀念章進行分類的日期。

事件發生的日期

　　如果我們依據事件發生的日期來分析這些紀念章，我們可以得
到以下的分布情形。

總數：332

年代	1630s	1640s	1650s	1660s	1670s	1680s	1690s	1700s	1710s
數量	2	29	26	70	67	49	53	25	11

紀念章打造的日期

　　據說有 16 枚紀念章是出自瓦蘭(Jean Warin)之手，這個人於
1672 年過世(關於紀念章的目錄, 參見 Jacquiot, 1968, document 72)。在瓦蘭過世
之後，他的學生謝隆(François Chéron)在 1675 年受召前往巴黎，
獲任為御用紀念章雕刻家。謝隆曾經在羅馬為教皇克里蒙十世
(Clement X)及英諾森十世(Innocent X)服務。有人說在 1661 年

到 1683 年的考爾白時代，只打造了 37 枚紀念章，但是這個數字低得教人難以接受。另有一則當代的資料顯示，到 1685 年初，已鑄造了 99 枚紀念章(Ibid., p. xxvi; M. G., January 1685, p.99)。美尼斯特希耶在 1689 年私人出版的紀念章史中包括有 122 枚紀念章，這些紀念章再現了 1638 年至 1688 年間的事件。如果我們從 332 這個數字中扣掉這個數字，在 1689 年到 1715 年間所打造的紀念章有 220 枚。在這 220 枚紀念章之中，有 92 枚再現 1689 年到 1715 年間的事件。如果我們把這些從那 220 枚紀念章中扣除，則得到 128 枚紀念章，而這些紀念章所再現的是更早時期的事件。

紀念章史的日期

要確定路易十四紀念章史的日期也有困難。一般是將官方計畫從事紀念章史的日期認定為約 1685 年，而且把這個計畫和盧瓦連上關係(Jacquiot, 1968, pp. x-xi, xxvff)。如果說我們指的是為了出版書籍所擬定的明確計畫，這個日期很可能是正確的，但是有關出版紀念章史的想法，在更早的時候便已出現，尤其值得注意的是夏普蘭的信（1665 年 8 月 1 日和 1672 年 9 月 28 日）。在 1673 年時，《雅致信使報》便報導說瓦蘭正進行國王的紀念章史。

小學會奉命執行這項官方的計畫。由於小學會還有其他的事要做，這項計畫進展緩慢。這時候，也就是在 1689 年，美尼斯特希耶(私人)出版了他那著名的《國王紀念章史》。美尼斯特希耶似乎是以這本書向國王致敬，慶祝國王的五十歲生日，書中蒐集了紀念 1638 年到 1688 年間各項事件的紀念章和題銘。或許是由於美尼斯特希耶的這項舉動，小學會在 1691 年更名為題銘學會，並奉命全力進行紀念章史的工作。1693 年時，美尼斯特希耶的書再版，更名為《路易

十四統治史》，很可能是爲了要把「國王史」這個傳統名稱留給題銘學會使用。不過，當題銘學會終於在 1702 年出版紀念章史之時，書名卻是《路易大帝時期重要事件紀念章》。有關進一步的資料，請參見雅丘(Jacquiot, 1968)；瓊斯(Jones, 1979a and b)；費里爾(Ferrier, 1982)；奧瑞斯科(Oresko, 1989)等人的文章。

附錄二

路易十四的圖像

　　要統計出路易十四在位時，媒體上出現了多少描繪路易十四的作品，似乎是一件不可能達成的工作。據我所知，到目前爲止最完整的整體性研究(Maumené and d'Harcourt, 1932)只是以留存下來的作品爲對象，也因此並未涵蓋 1680 年代的著名雕像。這項整體研究的對象，也只限於「有見過，或有可能見過國王的那些藝術家」的作品。雖然編者在文中指出在巴黎國家圖書館圖片收藏部可以找到 671 件有關路易十四的版畫，他們卻僅列出 99 件版畫。他們所做的整體性研究也排除了紀念章和掛毯。儘管有這些缺點，他們所列出的總數還是有 433 件之多(包括一些簡單的素描，有的還不是以國王爲主要的描繪對象)。我從這裡面選取了 287 件日期可考的成品，做進一步的分析。

　　我認爲我們應該看一下描繪路易十四形象的作品在各年代分布的情形。與紀念章不同的是，繪畫或版畫等媒體上所顯示的日期和創作的日期，通常都沒有多少出入。(編號 7，165 和 271 的作品是例外，也因此我並沒有把這三件作品計入下表中。)

總數：284

年代	1630s	1640s	1650s	1660s	1670s	1680s	1690s	1700s	1710s
數量	5	30	14	48	40	62	44	36	5

　　我們可以看到，作品數目在 1680 年代到達顛峰，不過，要是在 1680 年代所豎立的所有雕像都能留存在來的話，數目還會更多。

附錄三

反路易十四著作年表

　　以下乃略爲詳盡地列出討論路易十四(而不是法國)的著作。這些著作的作者幾乎都是匿名或使用假名，出版地址毫不可信。

1665　　《高盧人的愛情故事》
　　　　　(*Histoire amoureuse des Gaules*)
1667　　《國之盾》
　　　　　(*Le Bouclier d'Etat*)
1667　　《法國的獅頭羊身龍尾獸》
　　　　　(*Chimaera gallicana*)
1673　　《法國的土耳其人》
　　　　　(*Die französische Türckey*)
1673　　《法國內閣》
　　　　　(*Das französische Cabinet*)
1674　　《高盧人馬基維利》
　　　　　(*Machiavellus Gallicus*)
1674　　《小丑之笑》

(*Risées de Pasquin*)

1678 《最虔信基督的人》

(*Christianissimus christiandus*)

1678 《被征服的法國國王》

(*The French King Conquered*)

1680 《法國政治家》

(*The French Politician*)

1681 《法國陰謀》

(*French Intrigues*)

1684 《最虔信基督的戰神》

(*Mars Christianissimus*)

1684 《馬薩林紀要》

(*Breviarium Mazarini*)

1684 《法國的行為》

(*Conduct of France*)

1684 《真理的勝利》

(*Triomphe de la Vérité*)

1685 《偉大的阿爾坎德的愛情勝利》

(*Les Conquêtes amoureuses du Grand Alcandre*)

1686 《龍騎兵傳教士》

(*Le Dragon missionaire*)

1687 《東方和西方的戰神》

(*Mars Orientalis et Occidentalis*)

1688 《慇勤的法國人》

(*La France galante*)

1688　《法國精神》
　　　（L'Esprit de la France）

1688　《國王對政府的談話》
　　　（Remarques sur le gouvernement du royaume）

1689　《陰謀》
　　　（Intrigues）

1689　《轟炸》
　　　（Bombardiren）

1689　《法蘭西奴隸之歎》
　　　（Les soupirs de la France esclave）

1689　《稱讚那位受蒙蔽的路易》
　　　（Laus Ludovici Delusa）

1689　《睡眠中的蒙特斯龐》
　　　（Montespan im Schlaf）

1690　《自我諛揚令人鄙夷》
　　　（Eigenlob stinckt gern）

1690　《法國阿提拉》
　　　（Der Französische Attila）

1690　《最虔信基督的土耳其人》
　　　（The Most Christian Turk）

1690　《結合》
　　　（Concursus）

1690　《法國的尼祿》
　　　（Nero Gallicanus）

1690　《當今的法國國王》

（*The Present French King*）

1690　《關於那尊尋求讚美又極為傲慢的雕像》

（*Beschreibung der Ruhm-süch-und Hochmüthigen Ehren Saule*）

1690　《法國人的仲夏夜》

（*Solstitium gallicum*）

1691　《可怕的法國國王路易》

（*Ludwig der französische Greuel*）

1692　《法國國王的怨歎》

（*The French King's Lamentations*）

1692　《宇宙君主》

（*Monarchie Universelle*）

1692　《路易的陰暗面》

（*L'Ombre de Louvois*）

1693　《法國的勝利》

（*French Conquest*）

1693　《綠頭巾國王》

（*Royal Cuckold*）

1694　《兵下羽伊》

（*On the Taking of Huy*）

1694　《大力士巨人伽利諾》

（*Giant Galieno*）

1694　《法國宮廷的新政策》

（*La Politique Nouvelle de la Cour de France*）

1694　《斯卡龍出現》

(*Scarron apparu*)

1695　《路易十四的可蘭經》

(*Alcoran de Louis XIV*)

1695　《曼特農夫人的愛情》

(*Amours de Mme de Maintenon*)

1695　《路易大帝的愛情墳墓》

(*Tombeau des amours de Louis le Grand*)

1695　《兵下邢慕爾》

(*On the Taking of Namur*)

1696　《沮喪的阿爾坎德》

(*Grand Alcandre frustré*)

1696　《路易大帝的新歡》

(*Nouvelles amours*)

1697　《與古人比美》

(*Parallèle*)

1697　《克雷蒂安非法國人》

(*Chrestien non français*)

1699　《泰雷馬克》

(*Télémaque*)

1700　《最好的部分》

(*La Partage du lion*)

1702　《法國暴君》

(*The French Tyrant*)

1702　《法國的理性》

(*Französische Ratio Status*)

1705 《法國國王教義問答》
(*Catechismus van de Konig van Frankrijk*)

1706 《基督教的所有問題》
(*Allerchristliche Fragstücke*)

1708 《法國國王婚禮》
(*The French King's Wedding*)

1708 《路易大帝遺囑》
(*Ludwig des Grossen Testament*)

1708 《皇家建築的範例》
(*Proben einer königlichen Baukunst*)

1709 《路易十四國王下令建造的圓柱》
(*Pillers geordeneerd voor L14*)

1709 《詛咒》
(*Curses*)

1709 《法國國王的夢》
(*The French King's Dream*)

1711 《明察》
(*Clear View*)

1712 《友誼》
(*Friendship*)

1714 《法國人的祕密》
(*Arcana gallica*)

參 考 書 目

＊未特別標明者，其出版地皆為巴黎

Addison, J. (1890) *Dialogues on Medals*, London.

Adhémar, J. (1983) 'Information gravée au 17e siècle: images au cuivre destinées à un public bourgeois et élegant', *Quaderni del '600 francese* 5, 11-13.

Apostolidès, J. (1981) *Le Roi-machine: spectacle et politique au temps de Louis XIV*.

Archambault, P. (1967) 'The analogy of the body in Renaissance political literature', *Bulletin d'Humanisme & Renaissance* 29, 21-53.

Atkinson, J. M. (1984) *Our Master's Voices: the Language and Body Language of Politics*, London.

Aubéry, A. (1668) *Des justes prétentions du roy sur l'empire*.

Auerbach, E. (1933) 'La cour et la ville', reprinted in his *Vier Untersuchungen zur Geschichte der französischen Bildung*, Bern, 1951; English trans., *Scenes from the Drama of European Literature*, New York, 1959, 133-82.

Autin, J. (1981) *Louis XIV architecte*.

Bardon, F. (1974) *Le Portrait mythologique à la cour de France sous Henri IV et Louis XIII*.

Barnes, T. D. (1981) *Constantine and Eusebius*, Cambridge, MA.

Barozzi, N. and G. Berchet (eds) (1857) *Relazioni degli stati europei dagli ambasciatori veneti*, Venice.

Bayley, P. (1980) *French Pulpit Oratory 1598–1650*, Cambridge.

Beaussant, P. (1981) *Versailles, opéra*.

Benedetti, E. (1682) *Le glorie della virtù nella persona di Luigi il Magno*, Lyons.

Benserade, I. de (1698) *Oeuvres*, 2 vols.

Bercé, Y. -M. (1974) *Histoire des Croquants*, 2 vols, Geneva.

Berger, R. W. (1985) *In the Garden of the Sun King: Studies on the Park of Versailles under Louis XIV*, Washington.

Bernays, E. L. (1928) *Propaganda*, New York.

Bertelli, S. (1990) *Il corpo del Re*, Florence.

Biach-Schiffmann, F. (1931) *Giovanni und Ludovico Burnacini: Theater und Feste am Wiener Hofe*, Vienna and Berlin.

Biondi, D. (1973) *La fabbrica del Duce*, Florence.

Blegny, N. de (1692) *Le Livre commode*, rpr. 1878.

Bloch, M. (1924) *The Royal Touch*, English trans., London, 1973.

Bloch, M. (1987) 'The ritual of the royal bath in Madagascar', in Cannadine and Price, 271–97.

Blondel, F. (1698) *Cours d'architecture*, second edn.

Bluche, F. (1986) *Louis XIV*; English trans., London, 1990.

Blum, A. (1913) *Louis XIV et l'image satirique pendant les dernières années du 17e siècle*, Nogent-le-Rotrou.

Blunt, A. (1953) *Art and Architecture in France*, fourth edn, Harmondsworth, 1980.

Boileau, N. (1969) *Oeuvres*, ed. S. Menant, 2 vols.

Boislisle, A. de (1889) 'Notices historiques sur la Place des Victoires et sur la Place Vendôme', *Mémoires de la société de l'histoire de Paris et de l'Ile-de-France*, 15, 1–272.

Boorstin, D. (1962) *The Image*, rpr. Harmondsworth, 1963.

Borkenau, F. (1934) *Der Übergang vom feudalen zum bürgerlichen Weltbild*.

Bosquillon (1688) *Portrait de Louis le Grand*.

Bossuet, J.-B. (1961) *Oraisons funèbres*, ed. J. Truchet.

Bossuet, J.-B. (1967) *Politique tirée des propres paroles de l'écriture sainte* (1709), ed. J. Le Brun, Geneva.

Bottineau, Y. (1962) *L'Art de cour dans l'Espagne de Philippe V, 1700 -46*, Bordeaux.

Boucher, J. (1986) *La Cour de Henri III*, La Guerche-de-Bretagne.

Bouhours, D. (1687) *La Manière de bien penser dans les ouvrages de l'esprit*.

Bourdaloue, L. (1707) *Sermons pour le caresme*,3 vols.

Bourdieu, P. and J.-C. Passeron (1970) *Reproduction in Education, Society and Culture*, English trans., Beverly Hills, CA, 1977.

Bouvet, J. (1699) *L'histoire de l'empereur de la Chine*,The Hague.

Bowlt, J. E. (1978) 'Russian sculpture and Lenin's plan of monumental propaganda', in *Art and Architecture in the Service of Politics*, ed. H. A. Millon and L. Nochlin, Cambridge, MA, 182-93.

Boyer, A. (1703-13) *The History of the Reign of Queen Anne Digested into Annals*, London.

Brice, G. (1698) *Description nouvelle de la ville de Paris*, 2 vols.

Brockliss, L. W. B. (1987) *French Higher Education in the Seventeenth and Eighteenth Centuries*, Oxford.

Brown, J. (1988) 'Enemies of flattery: Velázques' portraits of Philip IV', in *Art and History*, ed. R. I. Rotberg and T. K. Rabb, Cambridge, 137 -54.

Brown, J. and J. H. Elliott (1980) *A Palace for a King*, New Haven, CT and London.

Brunot, F. (1917) *Histoire de la langue française* 5 (rpr. 1966).

Bryant, L. M. (1986) *The King and the City in the Parisian Royal Entry Ceremony*, Geneva.

Bryson, N. (1981) *Word and Image*, Cambridge.

Burke, K. (1939-40) 'The rhetoric of Hitler's battle', reprinted in *Language and Politics*, ed. M. Shapiro, Oxford, 1984, ch. 5.

Burke, P. (1987) *Historical Anthropology of Early Modern Italy*, Cambri -dge.

Burke, P. (1990) 'Historians, anthropologists and symbols', in *Culture Through Time*, ed. E. Ohnuki Tierney, Stanford, CA, 268-323.

Burke, P. (c. 1993) 'The demise of royal mythologies', forthcoming in A. Ellenius (ed.) *Iconography and Ideology*.

Bussy Rabutin, R. (1930) *Histoire amoureuse des Gaules (1665), suivie de La France Galante*, etc., ed. G. Mongrédien, 2 vols.

Campanella, T. (1915) *Poésie*, ed. G. Gentile, Bari.

Campbell, M. (1977) *Pietro da Cortona at the Pitti Palace*, Princeton, NJ.

Cannadine, D. and S. Price, (eds) (1987) *Rituals and Royalty*, Cambridge.

Carew, G. (1749) 'A relation of the state of France', in *An Historical View*, ed. T. Birch, London, 415-528.

Cérémonial français des années 1679, 1680 et 1681,ms B.N., fonds français, 7831.

Chantelou, P. de (1889) *Journal de Voyage du Cavalier Bernin en France*, ed. L. Lalanne, rpr. 1981.

Chapelain, J. (1883) *Lettres*, 2, ed. P. Tamizey de Larroque.

Chapelain, J. (1936) *Opuscules critiques*, ed. A. Hunter.

Chapelain, J. (1964) *Lettere inedite*, ed. P. Ciureanu, Genoa.

Charlesworth, M. P. (1937) 'The virtues of a Roman emperor,' *Proceedings of the British Academy* 23, 105-27.

Charpentier, F. (1676) *Defense de la langue françoise pour l'inscription de l'Arc de Triomphe*.

Charpentier, F. (1724) *Carpentariana*.

Chartier, R. (1990) *Les Origines culturelles de la révolution française*.

Châtelain, U. (1905) *Fouquet*.

Chevalier, N. (1692) *Histoire de Guillaume III*, Amsterdam.

Chevalier, N. (1711) *Relation des campagnes de l'année 1708 et 1709*, Utrecht.

Christout, M. F. (1967) *Le Ballet de cour de Louis XIV*,1643-72.

Church, W. F. (1972) *Richelieu and Reason of State*, Princeton, NJ.

Clément, P. (1866) *La Police sous Louis XIV*.

Clément, P. (ed.) (1868) *Lettres, instructions et mémoires de Colbert*, 5, part 2.

Coirault, Y. (1965) *L'Optique de Saint-Simon*.

Collas, G. (1912) *Jean Chapelain*.

Combes, le sieur de (1681) *Explication historique de ce qu'il y a de plus remarquable dans la maison royale de Versailles*.

Coquault, O. (1875) *Mémoires 1649-68*, ed. C. Loriquet, Reims.

Corneille, P. (1987) *Oeuvres*, 3, ed. G. Couton.

Corvisier, A. (1964) *L'Armée française de la fin du 17e siècle au ministère de Choiseul: le soldat*, 2 vols.

Corvisier, A. (1983) *Louvois*.

Courtin, A. de (1671) *Nouveau traité de la civilité*,Basle.

Couton, G. (1976) 'Effort publicitaire et organisation de la recherche', *Actes du sixième colloque de Marseille*, ed. R. Duchene, Marseilles.

Cracraft, J. (1988) *The Petrine Revolution in Russian Architecture*, Chicago.

Curtius, E. R. (1947) *European Literature and the Latin Middle Ages*, English trans., New York, 1954.

[Dalicourt, P.] (1668) *La Campagne royale*.

Demoris, R. (1978) 'Le corps royal et l'imaginaire au 17e siècle: *Le portrait du roy* par Félibien', *Revue des sciences humaines* 172, 9-30.

Depping, G. P. (ed.) (1855) *Correspondance administrative sous le règne de Louis XIV*, 4, part 4.

Description (1686) *du monument érigé à la gloire du roy par M. le Maréchal Duc de la Feuillade*.

Desmarets, J. (1673) *Au Roy, sur la prise de Mastrich*.

Desmarets, J. (1674) *Au Roy, sur sa seconde conquête de Franche-Comté*.

Dilke, E. (1888) *Art in the Modern State*, London.

Dipper, C. and W. Schieder (1984) 'Propaganda', in *Geschichtliche Grundbegriffe* 5, Stuttgart, 69-112.

Dodge, G. H. (1947) *The Political Theory of the Huguenots of the Dispersion*, New York.

Dotoli, G. (1983) 'Il *Mercure Galant* di Donneau de Visé', *Quaderni del '600 francese* 5, 219-82.

Drake, H. A. (1976) *In Praise of Constantine*, Berkeley, CA.

Dreyss, C. (1859) *Etude sur la composition des mémoires de Louis XIV*, rpr. Geneva, 1871.

Dreyss, C. (ed.) (1860) *Mémoires de Louis XIV*, 2 vols.

Dubois, A. (1965), *Journal d'un curé de campagne*, ed. H. Platelle.

Du Bos, J.-B. (1709) *Histoire de la Ligue de Cambrai*.

Duchene, R. (ed.) (1985) *De la mort de Colbert à la Revocation de l'Edit de*

Nantes: un monde nouveau?, Marseilles.

Duchhardt, H. (1981) '*Imperium* und *Regna*', *Historische Zeitschrift* 232, 555-83.

Dupleix, S. (1635) *Histoire de Louis le Juste*.

Dussieux, L. et al. (eds) (1854) *Mémoires inédits de l'Académie Royale de Peinture et de Sculpture*.

Edelman, N. (1946) *Attitudes of Seventeenth-Century French toward the Middle Ages*, New York.

Ehalt, H. C. (1980) *Ausdrucksformen absolutistischer Herrschaft: Der Wiener Hof in 17. und 18. Jht*, Munich.

Eisenstadt, S. N. (1979) 'Communication patterns in centralized empires', in *Propaganda and Communication in World History*, ed. H. Lasswell, D. Lerner and H. Speier, Honolulu, 1, 536-51.

Elias, N. (1969) *The Court Society*, English trans., Oxford, 1983.

Ellenius, A. (1966) *Karolinska bildidéer*, Stockholm.

Elliott, J. H. (1977) 'Philip IV of Spain: prisoner of ceremony', in *The Courts of Europe*, ed. A. G. Dickens, London, 169-90.

Elliott, J. H. (1986) *The Count-Duke of Olivares*, New Haven, CT and London.

Elliott, J. H. (1989) *Spain and its World 1500-1700*, New Haven, CT and London.

Evelyn, J. (1697) *Numismata*, London.

Félibien, A. (1674) *Les Divertissements de Versailles*.

Félibien, A. (1680) 'Le Grand Escalier de Versailles', Appendix to Jansen (1981).

Félibien, A. (1688) *Recueil des descriptions de peintures et d'autres ouvrages faits pour le roi*.

Félibien, J.-F. (1703) *Description sommaire de Versailles*.

Ferrier-Caveriviere, N. (1978) 'Louis XIV et ses symboles dans l'Histoire Metallique', *17e siècle*, 34, 19-30.

Ferrier-Caveriviere, N. (1981) *L'Image de Louis XIV dans la littérature française*.

Feuchtmüller, R. and E. Kovács (eds) (1986) *Welt des Barock*, 2 vols, Vienna.

Feyel, G. (1982) *La Gazette en province à travers ses réimpressions 1631 -1752*, Amsterdam and Maarssen.

Finnegan, R. (1970) *Oral Literature in Africa*, Oxford.

Fléchier, E. (1670) *Circus regius*.

Fléchier E. (1696) *Panegyriques*, 2 vols.

Florisoone, M. (1962) *Charles Le Brun premier directeur de la manufacture royale des Gobelins*.

Forster, K. (1971) 'Metaphors of rule: political ideology and history in the portraits of Cosimo I de'Medici', *Mitteilungen des Kunsthistorischen Institutes in Florenz* 15, 65-104.

Fossier, F. (1985) 'A propos du titre d'historiographe sous l'ancien régime', *Revue d'histoire moderne et contemporaine* 32, 361-417.

Foucault, M. (1966) *The Order of Things*, English trans., London, 1970.

France, P. (1972) *Rhetoric and Truth in France*, Oxford.

France, P. (1982) 'Equilibrium and excess', in *The Equilibrium of Wit*, ed. P. Bayley and D. G. Coleman, Lexington, MA, 249-61.

Freedberg, D. (1989) *The Power of Images*, Chicago.

Furetière, A. (1674) *Ode sur la seconde conquête de Franche-Comté*.

Furetière, A. (1690) *Dictionnaire universel*, 3 vols, The Hague and Rotterdam.

Gagé, J. (1955) *Apollon romain*.

Gaiffe, F. (1924) *L'Envers du grand siècle*.

Gaxotte, P. (ed.) (1930) *Lettres de Louis XIV*.

Gazette 〔*Recueil des Gazettes, Recueil des Nouvelles*〕, 1660-1715.

Geertz, C. (1980) *Negara: the Theater State in Nineteenth-Century Bali*, Princeton, NJ.

Geffroy, A. (ed.) (1885) *Recueil des instructions données aux ambassadeurs et ministres de France*.

Genest, C. C. (1672) *Ode pour le roi sur ses conquestes*.

Gersprach, E. (1893) *Repertoire des tapisseries des Gobelins*.

Giesey, R. (1985) 'Models of rulership in French royal ceremonial', in *Rites of Power*, ed. S. Wilentz, Philadelphia, 41-64.

Giesey, R. (1987) 'The King imagined', in *The Political Culture of the Old Regime*, ed. K. M. Baker, Oxford, 41-59.

Gillot, H. (1914a) *La Querelle des anciens et des modernes*, Nancy.

Gillot, H. (1914b) *Le Règne de Louis XIV et l'opinion publique en Allemagne*, Nancy.

Glaesemer, J. (1974) *J. Werner*, Zürich and Munich.

Godard, L. (ed.) (1987) *D'un siècle à l'autre: anciens et modernes*, Marseilles.

Godelier, M. (1982) *The Making of Great Men*, English trans., Cambridge, 1986.

Goffman, E. (1959) *The Presentation of Self in Everyday Life*, New York.

Goubert, P. (1966) *Louis XIV and Twenty Million Frenchmen*, English trans., London, 1970.

Gouhier, H. (1958) 'Le refus du symbolisme dans l'humanisme cartésien', in E. Castelli (ed.) *Umanesimo e simbolismo*,Padua, 65-74.

Gould, C. (1981) *Bernini in France*, London.

Grell, C. and C. Michel (1988) *L'École des Princes ou Alexandre disgracié*.

Grivet, M. (1986) *Le Commerce de l'estampe à Paris au 17e siècle*.

Gros, E. (1926) *Quinault*, Paris and Aix-en-Provence.

Grove, G. (1980) *Dictionary of Music and Musicians*, ed. S. Sadie, 20 vols, London.

Guillet de Saint-Georges, G. (1854) 'Discours sur le portrait du roy', in Dussieux et al., 1, 229-38.

Guillou, E. (1963) *Versailles, le Palais du Soleil*.

Gusdorf, G. (1969) *La Révolution galiléenne*, 2 vols.

Habermas, J. (1962) *The Structural Transformation of the Public Sphere*, English trans., Cambridge, 1989.

Hahn, R. (1971) *The Anatomy of a Scientific Institution: the Paris Academy of Sciences, 1666-1803*, Berkeley, CA.

Hall, G. (1987) 'Le siècle de Louis le Grand: l'évolution d'une idée, in Godard, 43-52.

Hanley, S. (1983) *The Lit de Justice of the Kings of France*, Princeton, NJ.

Hansmann, W. (1986) *Balthasar Neumann*, Cologne.

Harris, E. (1976) 'Velázquez' portait of Prince Baltasar Carlos in the Riding School', *Burlington Magazine* 118, 266-75.

Hartle, R. (1957) 'Lebrun's *Histoire d'Alexandre* and Racine's *Alexandre le Grand'*, *Romanic Review* 48, 90-103.

Hartung, F. (1949) *L'etat c'est moi'*, *Historische Zeitschrift* 169, 1-30.

Hassinger, E. (1951) *J. J. Becher*, Vienna.

Hatton, R. (1972) *Louis XIV and his World*, London.

Haueter, A. (1975) *Die Krönungen der französischen Könige im Zeitalter des Absolutismus und in der Restauration*, Zurich.

Hautecoeur, L. (1953) *Louis XIV roi soleil*.

Hawlik-van de Water, M. (1989) *Der Schöne Tod: Zeremonialstrukturen des Wiener Hofes bei Tod und Begrabung zwischen 1640 und 1740*, Vienna.

Hazard, P. (1935) *La Crise de la conscience europeénne,*English trans., *The European Mind 1680-1720*, New Haven, CT, 1952.

Heale, M. J. (1982) *The Presidential Quest*, London.

Held, J. S. (1958) 'Le roi à la chasse', *Art Bulletin* 40, 139-49.

l'Herault de Lionniere, T. (1692) *Panegyrique historique de Louis le Grand pour l'Année 1689*.

d'Herbelot, B. (1697) *Bibliothèque orientale*.

Herbette, M. (1907) *Une Ambassade persane sous Louis XIV*.

Himelfarb, H. (1986) 'Versailles, fonctions et légendes', in Nora, 1, 235-92.

Histoire de l'Académie Royale des Inscriptions (1740) 3 vols.

Hobsbawm, E. J. and T. Ranger (eds) (1983) *The Invention of Tradition*, Cambridge.

Hölscher, L. (1978) 'Öffentlichkeit', in *Geschichtliche Grundbegriffe*, ed. O. Brunner, W. Conze and R. Koselleck, 4, Stuttgart, 413-67.

Hofmann, C. (1985) *Das Spanische Hofzeremoniell von 1500-1700*, Frankfurt.

Hofmann, H. (1974) *Repräsentation: Studien zur Wort- und Begriffsgeschichte von der Antike bis ins 19. Jht*, Berlin.

Holub, R. C. (1984) *Reception Theory*, London.

Hurel, A. J. (1872), *Les Orateurs sacrés a la cour de Louis XIV*, rpr. Geneva, 1971.

Hymes, D. (1974) *Foundations in Sociolinguistics*, Philadelphia.

Isherwood, R. (1973) *Music in the Service of the King*,Ithaca, NY and London.

Jackson, R. (1984) *Vive le roi!*, Chapel Hill, NC.

Jacquiot, J. (1968) *Médailles et jetons*, 4 vols.

Jammes, A. (1965) 'Louis XIV, sa bibliothèque et le cabinet du roi', *The Library* 20, 1-12.

Janmart, J. (1888) *Histoire de Pierre du Marteau*.

Jansen, B. (1981) *Der Grand Escalier de Versailles*, Bochum, Diss.

Jauss, H.-R. (1964) 'Ästhetischen Normen und geschichtliche Reflexion in der *Querelle des anciens et des modernes*', in Perrault (1688-97), 8-64.

Jenkins, M. (1947) *The State Portrait* (no place of publication).

Johnson, K. O. (1981) '*Il n'y a plus de Pyrénées*:the iconography of the first Versailles of Louis XIV', *Gazette des Beaux-Arts* 98, 29-40.

Johnson, N. R. (1978) *Louis XIV and the Enlightenment*.

Jones, M. (1979a) *Medals of the Sun King*, London.

Jones, M. (1979b) *The Art of the Medal*, London.

Jones, M. (1982-3) 'The medal as an instrument of propaganda in late seventeenth- and early eighteenth-century Europe', *Numismatic Chronicle* 142, 117-25, and 143, 202-13.

Josephson, R. (1928) 'Le monument de Triomphe pour le Louvre', *Revue de l'art ancien et moderne* 32, 21-34.

Josephson, R. (1930) *Nicodème Tessin à la cour de Louis XIV*.

Jouin, H. (ed.) (1883) *Conférences de l'Académie Royale de Peinture*.

Jouin, H. (1889) *Charles Le Brun*.

Jouvancy, J. de (1686) *Clovis*.

Jump, J. D. (1974) *The Ode*, London.

Kantorowicz, E. H. (1957) *The King's Two Bodies*, Princeton, NJ.

Kantorowicz, E. H. (1963) 'Oriens Augusti - Lever du Roi', *Dumbarton Oaks Papers* 17, 117-77.

Kenez, P. (1985) *The Birth of the Propaganda State: 'Mass Mobilisation' in Russia, 1917-29*, Cambridge.

Keohane, N. O. (1980) *Philosophy and the State in France*, Princeton, NJ.

Kershaw, I. (1987) *The 'Hitler Myth': Image and Reality in the Third Reich*, Oxford.

Kertzer, D. (1988) *Ritual, Politics and Power*, New Haven, CT and London.

Kettering, S. (1986) *Patrons, Brokers and Clients in Seventeenth-Century France*, New York.

King, J. E. (1949) *Science and Rationalism in the Government of Louis XIV*, Baltimore, MD.

Klaits, J. (1976) *Printed Propaganda under Louis XIV*, Princeton, NJ.

Kleyser, F. (1935) *Der Flugschriftenkampf gegen Ludwig XIV zur Zeit des pfälzischen Krieges*, Berlin.

Köpeczi, B. (1983) *Staatsräson und christliche Solidarität: Die ungarische Aufstände und Europa in der zweiten Hälfte des 17. Jahrhunderts*, Budapest.

Kortum, H. (1966) *Charles Perrault und Nicolas Boileau*, Berlin.

Kostof, S. (1978) 'The Emperor and the Duce', in *Art and Architecture in the Service of Politics*, ed. H. A. Millon and L. Nochlin, Cambridge, MA, 270-325.

Kovács, E. (1986) 'Die Apotheose des Hauses Österreich', in Feuchtmüller and Kovács, 53-85.

Krüger, R. (1986) *Zwischen Wunder und Wahrscheinlichkeit: Die Krise des französischen Versepos im 17. Jahrhundert*, Marburg.

Kunzle, D. (1973) *The Early Comic Strip*, Berkeley, CA.

Labatut, J. P. (1984) *Louis XIV roi de gloire*.

La Beaune, J. de (1684) *Ludovico Magno Panegyricus*.

La Bruyère, J. (1960) *Les Caractères* (1688), rpr. ed. G. Mongrédien.

La Bruyère, J. (1693) 'Discours de réception à l'Académie Française', ibid., 429-56.

Lacour-Gayet, G. (1898) *L'Éducation politique de Louis XIV*.

La Fontaine, J. (1948) *Oeuvres diverses*, ed. P. Clarac.

Lanier, L. (1883) *Etude historique sur les relations de la France et du royaume de Siam de 1662 à 1703*, Versailles.

La Porte, P. de (1755) *Mémoires*, second edn, Geneva, 1756.

La Rue, C. de (1683) *Ludovicus Pius*.

La Rue, C. de (1987) 'Regi epinicion', trans., P. Corneille as 'Poème sur les victoires du roi en 1667', in Corneille 3, 709-18.

La Rue, C. de (1829) *Sermons*, 2 vols.

Lasswell, H. (1936) *Politics: Who gets what, when, how*,second edn, New York, 1958.

Laurain-Portemer, M. (1968) 'Mazarin, Benedetti et l'escalier de la Trinité des Monts', *Gazette des Beaux-Arts* 110, 273-9.

Lavin, I. (1987) 'Le Bernin et son image du Roi-Soleil' in *Il se rendit en Italie: études offertes à André Chastel*, Rome, 441-65.

Lavisse, E. (1966) *Louis XIV*.

Lecoq, A.-M. (1986) 'La symbolique de l'état', in Nora, 145-92.

Lecoq, A.-M. (1987) *François I imaginaire*.

Lee, R. W. (1940) *Ut Pictura Poesis: the Humanistic Theory of Painting*, rpr. New York, 1967.

Legg, L. G. Wickham (1921) *Matthew Prior*, Cambridge.

Le Goff, J. (1986) 'Reims, ville du Sacre', in *Les Lieux de mémoire*, ed. P. Nora, 2, *La nation*, 1, 89-184.

Leith, J. A. (1965) *The Idea of Art as Propaganda in France 1750-99*, Toronto.

Le Jay, G. (1687) *Le Triomphe de la religion sous Louis le Grand*.

Le Roi, J. A. (ed.) (1862) *Journal de la santé du roi Louis XIV*.

Le Roy Ladurie, E. (1984) 'Réflections sur la Régence', *French Studies* 38, 286-305.

Lévy-Bruhl, L. (1921) *La Mentalité primitive*.

Lister, M. (1699) *A Journey to Paris in the Year 1698*,London.

Locke, J. (1690) *Two Treatises of Government*, ed. P. Laslett, Cambridge, 1960.

Locke, J. (1953) *Journal*, ed. J. Lough, Cambridge.

Loewe, V. (1924) *Ein Diplomat und Gelehrter, Ezechiel Spanheim*, Berlin.

Longin, E. (1900) *François de Lisola*, Dole.

Longnon, J. (ed.) (1927) *Louis XIV, Mémoires*, rpr. 1983.

L'Orange, H. P. (1953) *Studies on the Iconography of Cosmic Kingship in the Ancient World*, Oslo.

Lottin, A. (1968) *Vie et mentalité d'un Lillois sous Louis XIV*, Lille, second edn, Paris.

Lotz, W. (1969) 'Die Spanische Treppe', *Römische Jahrbuch*,rpr. in *Politis-*

che Architektur, ed. M. Warnke, Cologne, 1984, 175-223.

Louis XIV (1806) *Oeuvers*, 6 vols.

Louis XIV, *Lettres*, see Gaxotte (1930).

Louis XIV, *Mémoires*, see Dreyss (1860); Longnon (1927).

Lünig, J. C. (1719-20) *Theatrum Ceremoniale Historico-Politicum*, 2 vols, Leipzig.

Lux, D. S. (1989) *Patronage and Royal Science in Seventeenth-century France*, Ithaca, NY.

Maber, R. (1985) 'Colbert and the Scholars', *17th-Century French Studies* 7, 106-14.

McCormick, M. (1986) *Eternal Victory: Triumphal Rulership in Late Antiquity, Byzantium and the Early Medieval West*, Cambridge.

McGinniss, J. (1968) *The Selling of the President*, New York.

McGowan, M. (1985) *Ideal Forms in the Age of Ronsard*, Berkeley, CA.

Magalotti, L. (1968) *Relazioni di Viaggio*, ed. W. Moretti, Bari.

Magne, B. (1976) *Crise de la littérature française*.

Magne, E. (1909) *Le plaisant abbé de Boisrobert*.

Mai, W. W. E. (1975) *Le Portrait du roi: Staatsporträt und Kunsttheorie in der Epoche Ludwigs XIV*, Bonn.

Maintenon, F. de (1887) *Mme de Maintenon d'après sa correspondance authentique*, ed. A. Geffroy, 2 vols.

Mallon, A. (1985) 'L'Académie des Sciences à Paris (1683-5): une crise de direction?', in Duchene, 17-34.

Malssen, P. J. W. van (1936) *Louis XIV d'après les pamphlets répandus en Hollande*, Amsterdam.

Mandlmayr, M. C. and K. Vocelka (1985) 'Christliche Triumphfreude', *Südostforschungen* 44, 99-137.

Marder, T. A. (1980) 'Bernini and Benedetti at Trinità dei Monti', *Art Bulletin* 62, 286-9.

Marin, L. (1981) *Portrait of the King*, English trans., London, 1988.

Marrinan, M. (1988) *Painting Politics for Louis-Philippe*, New Haven, CT and London.

Martin, H. J. (1969) *Livre, pouvoir et société à Paris au 17e siècle*, 2 vols.

Martin, M. (1986) *Les Monuments équestres de Louis XIV*.

Massillon, J.-B. (1865) *Oeuvres*, ed. E. A. Blampignon, 2 vols, Bar-le-Duc.

Maumené, C. and L. d'Harcourt (1932) *Iconographie des rois de France*, vol. 2.

Mazarin, G. (1906) *Lettres*, vol. 9, ed. G. D'Avenel.

Médailles (1702) *sur les principaux événements du règne de Louis le Grand* (2 editions, folio and quarto).

Médailles (1723) *sur les principaux événements du règne entier de Louis le Grand.*

Mélèse, P. (1936) *Donneau de Visé.*

Melograni, P. (1976) 'The Cult of the Duce in Mussolini's Italy', *Journal of Contemporary History* 11, 221-37.

Mémoires inédites, see Dussieux et al. (1854).

Menestrier, C.-F. (1681) *Des Représentations en musique anciennes et modernes.*

Menestrier, C.-F. (1684) *L'Art des emblèmes*, rpr. Mittenwald (1981).

Menestrier, C.-F. (1689) *Histoire du roy Louis le Grand par les Medailles.*

Menestrier, C.-F.' (1691) *Histoire du roy Louis le Grand par les medailles* (the counterfeited edition).

Menestrier, C.-F. (1701) *Décorations faites dans la ville de Grenoble*, Grenoble.

Menot, A. (1987) 'Décors pour le Louvre de Louis XIV; le mythologie politique à la fin de la Fronde', in *La Monarchie absolutiste et l'histoire en France*, ed. F. Laplanche and C. Grell, 113-24.

Mercure Galant, 1672-1715.

Mesnard, P. (1857) *Histoire de l'Académie Française.*

Mettam, R. (1988) 'Power, status and precedence: Rivalries among the provincial elites of Louis XIV's France', *Transactions of the Royal Historical Society* 38, 43-62.

Meyer, J. (1981) *Colbert.*

Michel, C. (1987) 'Les enjeux historiographiques de la querelle des anciens et des modernes', in *La Monarchie absolutiste et l'histoire en France*, ed. F. Laplanche and C. Grell, 139-54.

Mickelson, S. (1972) *The Electric Mirror: Politics in an Age of Television*, New York.

Mirot, L. (1924) *Roger de Piles*.

Moine, M.-C. (1984) *Les Fêtes à la cour du roi soleil*.

Molière, J.-B. (1971) *Oeuvers complètes*, ed. G. Couton, 2 vols.

Mongin, E. (1716) *Oraison funèbre de Louis le Grand*.

Montagu, J. (1968) 'The painted enigma and French seventeenth-century art', *Journal of the Warburg and Courtauld Institutes* 31, 307-35.

Montaiglon, A. de (1875-8 edn) *Procèsverbaux de l'Académie Royale de peinture et Sculpture*, 2 vols.

Montesquieu, C.-L. de (1721) *Lettres persanes*.

Montesquieu, C.-L. de (1973) *Oeuvres*.

Moran, M. (1990) *La imagen del rey: Felipe V y el arte*, Madrid.

Moraw, P. (1962) 'Kaiser und Geschichtschreiber um 1700', *Die Welt als Geschichte* 22, 162-203.

Morgan, B. (1929) *Histoire du Journal des Savants depuis 1665 jusqu'en 1701*.

Möseneder, K. (1983) *Zeremoniell und monumentale Poesie: Die 'Entrée Solennelle' Ludwigs XIV. 1660 in Paris*, Berlin.

Naudé, G. (1639) *Considérations politiques sur les coups d'état*.

Néraudau, J. P. (1986) *L'Olympe du roi-soleil*.

Neveu, B. (1988) 'Du culte de Saint Louis à la glorification de Louis XIV: la maison royale de Saint-Cyr', *Journal des Savants*, 277-90.

Nivelon, C. (n.d.) *Vie de Charles le Brun*, ms, BN, fonds français 12, 987.

Nora, P. (ed.) (1984-6) *Les Lieux de mémoire*, 4 vols.

Northleigh, J. (1702) *Topographical Descriptions*, London.

Oresko, R. (1989) 'The *Histoire Métallique* of Louis XIV and the Diplomatic Gift', *Médailles et Antiques* I, 49-55.

Orso, S. N. (1986) *Philip IV and the Decoration of the Alcázar of Madrid*, Princeton, NJ.

Ozouf, M. (1976) *Festivals and the French Revolution*, English trans., Cambridge, MA, 1988.

Pardailhé-Galabrun, A. (1988) *La Naissance de l'intime*.

Pastor, L. von (1940) *History of the Popes*, 32, London.

Pellisson, P. (1735) *Oeuvres diverses*.

Pellisson, P. (1749) *Histoire de Louis XIV*.

Pepys, S. (1970-83) *Diary*, ed. R. Latham and W. Matthews, London.

Perrault, C. (1670a) *Courses de testes et bagues*.

Perrault, C. (1670b) *Festiva ad capita annulumque Decursio*.

Perrault, C. (1686) *Saint Paulin evesque de Nole*.

Perrault, C. (1687) *Le Siècle de Louis le Grand*.

Perrault, C. (1688-97) *Parallèle des anciens et des modernes*, rpr. Munich, 1964.

Perrault, C. (1909) *Mémoires*, ed. P. Bonnefon.

Perrault, C. and I. Bensarade (1679) *Labyrinte de Versailles*.

Perry, J. M. (1968) *The New Politics*, New York.

Petzet, M. (1982) 'Das Triumphbogen-monument für Ludwig XIV auf der Place du trône', *Zeitschrift für Kunstgeschichte* 45 (1982), 145-94.

Pevsner, N. (1961) *The Buildings of England: Northamptonshire*, Harmondsworth.

Picard, R. (1956) *La Carrière de Jean Racine*.

Piles, R. de (1699) *Abrégé de la vie des peintres*.

Pincemaille, C. (1985) 'La guerre de Hollande dans la programme iconographique de Versaillers', *Histoire Economie et Société* 4, 313-33.

Pitkin, H. F. (1967) *The Concept of Representation*, Berkeley, CA.

Pocock, G. (1980) *Boileau and the Nature of Neo-classicism*, Cambridge.

Podlach, A. (1984) 'Repräsentation', *Geschichtliche Grundbegriffe* 5, 509-47.

Polleross, F. B. (1986) 'Repräsentation der Habsburger in der bildenden Kunst', in Feuchtmüller and Kovács, 87-103.

Polleross, F. B. (1987) 'Sonnenkönig und Österreichische Sonne', *Wiener Jahrbuch für Kunstgeschichte* 40, 239-56.

Polleross, F. B. (1988) *Das sakrale Identifikationsporträt*, 2 vols, Worms.

Pommier, E. (1986) 'Versailles', in Nora 1, 193-234.

Posner, D. (1959) 'Lebrun's Triumphs of Alexander', *Art Bulletin* 41, 237-48.

Poussin, N. (1964) *Lettres et propos sur l'art*, ed. A. Blunt.

Pozzi, E. (1990) 'Il corpo del Duce', in *Gli occhi di Alessandro*, ed. S. Bertelli, Florence, 170-83.

Pribram, A. F. (1894) *Franz Paul, Freiherr von Lisola*, Leipzig.

Price, S. (1984) *Rituals and Power*, Cambridge.

Prior, M. (1959) *The Literary Works*, ed. H. B. Wright and M. K. Spears, 2 vols. Oxford.

Quartier, P. (1681) *Constantin ou le triomphe de la religion*.

Quinault, P. (1739) *Théâtre*, 5 vols.

Quiqueran de Beaujeu, H. de (1715) *Oraison funèbre de Louis XIV*.

Racine, J. (1951-2) *Oeuvers complètes*, ed. R. Picard, 2 vols.

Rainssant, P. (1687) *Explication des tableaux de la galerie de Versailles*.

Rance, A.-J. (1886) *L'Académie d'Arles au 17e siècle*, 3 vols.

Ranum, O. (1980) *Artisans of Glory*, Chapel Hill, NC.

Rapin, R. (1677) *Instructions pour l'histoire*.

Raunié, E. (ed.) (1879) *Chansonnier historique du 18e siècle*, 10 vols.

Rave, P. O. (1957) *Das Ladenschild des Kunsthändlers Gersaint*, Stuttgart.

Récit (1685) *de ce qu'est fait à Caen*, Caen.

Reinach, S. (1905) *Cultes, mythes et religions*.

Relation (1660) *was für Ceremonien, Magnificentz...bey Vollziehung des königl. Heyraths zwischen Lodovico XIV ... und Maria Teresia* (no place of publication).

Relations (1687) *de l'erection de la statue à Poitiers*, Poitiers.

Roche, D. (1978) *Le siecle des lumieres en province*, Paris/The Hague.

Römer, P. (1967) *Molières Amphitryon und sein gesellschaftlicher Hintergrund*, Bonn.

Roosen, W. (1980) 'Early modern diplomatic ceremonial: a systems approach', *Journal of Modern History* 52, 452-76.

Rosasco, B. (1989) 'Masquerade and enigma at the court of Louis XIV', *Art Journal* 48, 144-9.

Rosenfield, L. C. (1974) 'Glory and antiglory in France's age of glory', *Renaissance Studies in Honor of I, Silver*, Lexington, MA, 283-307.

Rothkrug, L. (1965) *The Opposition to Louis XIV*, Princeton, NJ.

Rothschild, J. de (ed.) (1881) *Lettres en vers*, 2 vols.

Rotrou, J. (1950) *Cosroès*, ed. J. Scherer, Paris.

Rousset, C. (1865) *Histoire de Louvois*, 2 vols.

Roy, A. (1983) 'Pouvoir municipal et prestige monarchique: les entrées royales', in *Pouvoir ville et société*, ed. G. Livet and B. Vogler, 317-22.

Sabatier, G. (1984) 'Le roi immobile', *Silex* 27-8, 86-101.

Sabatier, G. (1985) 'Versailles, un imaginaire politique', *Culture et idéologie dans la genèse de l'état moderne*, Rome, 295-324.

Sabatier, G. (1988) 'Le parti figuratif dans les appartements, l'escalier et la galerie de Versailles', *17e siècle* 161, 401-26.

Sagnac, P. (1945) *Formation de la société française moderne*, 2 vols.

Sahlins, M. (1985) *Islands of History*, Chicago.

Saint-Maurice, T. F. de (1910) *Lettres sur la cour de Louis XIV 1667 -73*, ed. J. Lemoine, 2 vols.

Saint-Simon, L. de (1983-8) *Mémoires*, ed Y. Coirault, 8 vols.

Schama, S. (1988) 'The domestication of majesty: royal family portraiture 1500-1850', in *Art and History*, ed. R. I. Rotberg and T. K. Rabb, Cambridge, 155-83.

Schieder, W. and C. Dipper (1984) 'Propaganda', *Geschichtliche Grundbegriffe*, Stuttgart, 5, 69-112.

Schmidt, P. (1907) 'Deutsche Publizistik in den Jahren 1667-71', *Mitteilungen des Instituts für Österreichische Geschichtsforschung* 28, 577-630.

Schnapper, A. (1967) *Tableaux pour le Trianon de marbre, 1688-1714*.

Schnapper, A. (1988) 'The king of France as collector in the seventeenth century', in *Art and History*, ed. R. I. Rotberg and T. K. Rabb, Cambridge, 185-202.

Schochet, G. (1975) *Patriarchalism in Political Thought*, Oxford.

Schramm, P. (1939) *Der König von Frankreich*, 2 vols, Weimar.

Schramm, W. (1963) 'Communications research in the United States', in *The Science of Human Communication*, ed. Schramm, New York, 1 -15.

Schwartzenberg, A. (1977) *L'État-spectacle*.

Schwoerer, L. G. (1977) 'Propaganda in the revolution of 1688-9', *American Historical Review* 82, 843-74.

Scudéry, M. de (1654-61) *Clélie*.

Scudéry, M. de (1669) *La Promenade de Versailles*, rpr. 1920.

Scudéry, M. de (1671) *Discours de la gloire*.

Sedlmayr, H. (1954) 'Allegorie und Architektur', rpr. in *Politische Archite-*

ktur in Europa, ed. M. Warnke, Cologne, 1984, 157-74.

Seux, M.-J. (1967) *Epithètes royales akkadiennes et sumériennes*.

Shils, E. (1975) *Center and Periphery*, Chicago.

Silin, C. I. (1940) *Bensarade and his Ballet de Cour*, Baltimore, MD.

Simson, O. von (1936) *Zur Genealogie der weltliche Apotheose in Barock*, Leipzig.

Sohier, J. (1706) *Gallerie...dédiée a la gloire de Louis le Grand*, ms, B.N., fonds français 6997.

Solomon, H. (1972) *public Welfare, Science and Propaganda in Seventeenth-Century France*, Princeton, NJ.

Sonnino P. (1964) 'The dating and authorship of Louis XIV's memoirs', *French Historical Studies* 3, 303-37.

Sonnino, P. (1973-4) 'Louis XIV's *Mémoire pour l'histoire de la guerre de Hollande'*, *French Historical Studies* 8, 29-50.

Soriano, M. (1968) *Les Contes de Perrault*, second edn 1977.

Soriano, M. (1972) *Le Dossier Perrault*.

Souchal, F. (1983) 'Des statues équestres sous le règne de Louis XIV', in *Pouvoir ville et société*, ed. G. Livet and B. Vogler, 309-16.

Southorn, J. (1988) *Power and Display*, Cambridge.

Spanheim, E. (1900) *Relation de la cour de France*, ed. E. Bourgeois.

Speck, W. A. (1972) 'Political propaganda in Augustan England', *Transactions of the Royal Historical Society* 22, 17-32.

Spitzer, L. (1931) 'St-Simon's portrait of Louis XIV', English trans. in his *Essays on Seventeenth-Century French Literature*, ed. D. Bellos, Cambridge, 1983, Chapter 2.

Ssymank, P. (1898) *Ludwig XIV in seinen eigenen Schriften und im Spiegel der zeitverwandten Dichtung*, Leipzig, Diss.

Stankiewicz, W. J. (1960) *Politics and Religion in Seventeenth-Century France*, Berkeley, CA.

Stern, J. P. (1975) *Hitler: the Führer and the People*, London.

Stopfel, W. E. (1964) *Triumphbogen in der Architektur des Barock in Frankreich und Deutschland*, Freiburg, Diss.

Storer, M. E. (1935) 'Information furnished by the *Mercure Galant* on the French Provincial Academies in the Seventeenth Century', *Publica-*

tions of the Modern Language Society of America 50, 444-68.

Strong, R. (1984) Art and Power, Woodbridge.

Swift, J. (1983) Complete Poems, ed. P. Rogers, New Haven, CT and London.

Syme, R. (1939) The Roman Revolution, Oxford.

Tambiah, S. J. (1985) 'A reformulation of Geertz's conception of the theatre state', in his Culture, Thought and Social Action, Cambridge, MA, 316-38.

Tamse, C. A. (1975) 'The political myth', in J. S. Bromley and E. H. Kossman, Some Political Mythologies, The Hague, 1-18.

Taton, R. (1985) 'Espoirs et incertitudes de la science française', in Duchene, 9-17.

Taylor, L. R. (1931) The Divinity of the Roman Emperor,Middletown, CT.

Teyssèdre, B. (1957) Roger de Piles et les débats sur les coloris au siècle de Louis XIV.

Teyssèdre, B. (1967) L'Art au siècle de Louis XIV.

Thireau, J.-L. (1973) Les Idées politiques de Louis XIV.

Thomas, K. V. (1971) Religion and the Decline of Magic,London.

Thompson, J. (1987) 'Language and ideology', The Sociological Review 35, 516-36.

Thuau, E. (1966) Raison d'état et pensée politique à l'époque de Richelieu.

Thuillier, J. (1963) Exposition Lebrun, catalogue and introduction.

Thuillier, J. (1967) 'The birth of the Beaux-Arts', in The Academy, ed. T. B. Hess and J. Ashbery, New York, 29-37.

Thuillier, J. (1983) 'Félibien' 17e siècle 138, 67-90.

Tovar de Teresa, G. (1988) Bibliografia novohispana de arte 2, Mexico City.

Treitinger, O. (1938) Die Oströmische Kaiser-und Reichsidee, rpr. Darmstadt, 1956.

Trilling, L. (1972) Sincerity and Authenticity, London.

Tronçon, J. (1662) L'Entrée triomphante de leurs majestés dans la ville de Paris, rpr. Möseneder (1983), 259-322.

Trout, A. P. (1967-8) 'The proclamation of the peace of Nijmegen', Fren-

ch Historical Studies 5, 477-81.

Truchet, J. (1960) *La Prédication de Bossuet*, 2 vols.

Tumarkin, N. (1983) *Lenin Lives! The Lenin Cult in Soviet Russia*, Cambridge, MA.

Tyvaert, M. (1974) 'L'image du Roi', *Revue d'histoire moderne et contemporaine* 21, 521-47.

Valdor, J. (1649) *Les Triomphes de Louis le Juste.*

Vattel, E. de (1758) *La Droit des gens*, rpr. Washington, 1916.

Verlet, P. (1985) *Le Château de Versailles.*

Verney, F. P. and M. M. Verney (eds) (1904) *Memoirs of the Verney Family*, London.

Vert, C. de (1706-13) *Explication simple, littérale et historique des cérémonies de l'Eglise*, 4 vols.

Vertron, C.-G. de (1686) *Le nouveau panthéon.*

Veyne, P. (1988) 'Conduct without belief and works of art without viewers', *Diogenes* 143, 1-22.

Viala, A. (1985) *Naissance de l'écrivain: sociologie de la littérature à l'âge classique.*

Viguerie, J. de (1985) 'Les serments du sacre des rois de France', *Le sacre*, 205-16.

Vincent, M. (1979) 'Le *Mercure Galant* et son public féminin', *Romanische Zeitschrift für Literaturgeschichte* 3, 76-85.

Visconti, P. (1988) *Mémoires sur la cour de Louis XIV, 1673-81*, ed. J.-F. Solnon.

Vocelka, K. (1981) *Die politische Propaganda Kaiser Rudolfs II,* Vienna.

Voss, J. (1972) *Das Mittelalter im historischen Denken Frankreichs,* Munich.

Vries, P. de (1947) *Het beeld van Lodewijk XIV in de Franse geschiedschrijving*, Amsterdam.

Walton, G. (1986) *Louis XIV's Versailles*, New York.

Warmington, B. H. (1974) 'Aspects of Constantinian propaganda', *Transactions of the American Philological Association* 104, 371-84.

Weber, G. (1985) *Brunnen und Wasserkünste in Frankreich im Zeitalter von Louis XIV*, Worms.

Whitman, N. (1969) 'Myth and politics, Versailles and the Fountain of Latona', in J. Rule (ed.), *Louis XIV and the Craft of Kingship*, Ohio, 286-301.

Wittkower, R. (1961) 'Vicissitudes of a dynastic monument', rpr. in his *Studies in the Italian Baroque*, London, 1975, 83-102.

Wolf, J. (1968) *Louis XIV*, second edn, London, 1970.

Woodbridge, B. M. (1925) *Gatien de Courtilz*, Baltimore.

Zanker, P. (1987) *The Power of Images in the Age of Augustus*, English trans., Ann Arbor 1988.

Zobermann, P. (1985) 'Généalogie d'une image', *17e siècle* 37, 79-91.

Zwiedineck-Südenhorst, H. von (1888) *Die öffentliche Meinung in Deutschland im Zeitalter Ludwigs XIV*, Stuttgart.

索引

中英對照

索引

英中對照

Z

國家圖書館出版品預行編目資料

製作路易十四／彼得・柏克（Peter Burke）著；
　　許綏南譯. -- 二版. -- 臺北市：麥田出版：家
　　庭傳媒城邦分公司發行, 2005 [民94]
　　　面；　公分. --（歷史與文化叢書；34）
　　參考書目：面
　　含索引
　　譯自：The Fabrication of Louis XIV
　　ISBN 986-7252-34-9（平裝）

　　1. 法國－歷史　　2. 近世（1519–1789）

742.246　　　　　　　　　　　　　　94008759